Unohdettu feminiinisyys

Unohdettu feminiinisyys

Denise Jordan

Copyright © 2013 Denise Jordan

Englanninkielisestä alkuteoksesta
The Forgotten Feminine
suomentanut Tarja Nieminen

Originally published in English
with the title The Forgotten Feminine
by Fatherheart Ministries
PO Box 1039, Taupo, 3351
www.fatherheart.net

ISBN: 978-0-9941198-2-7

All rights reserved. Kaikki oikeudet pidätetään. Tämän teoksen mitään osaa ei saa kopioida, säilyttää hakujärjestelmässä tai siirtää missään muodossa tai millään keinoin — kuten sähköisesti, valokopioimalla tai äänittämällä — ilman kustantajan erillistä kirjallista lupaa, lukuun ottamatta lyhyitä lainauksia painetuissa kirja-arvosteluissa.

Muiden kirjojen ja äänitteiden tilaukset: www.fatherheart.net/shop
Online-tilaukset ulkomailta mahdollisia. Toimitukset myös ulkomaille.

Kannen suunnittelu: Matt Jordan — Jordan Creatives
Kannen valokuva © 2013 Paul Miners: Licensed by 'Out Of The Blue'.

Graafinen suunnittelu ja taitto: wordsndesign.co.nz, Lower Hutt
Painettu 2017.

Dorothy ja Jack Winterille

Sisällys

Kiitokset	ix
Esipuhe	xi
1 | Sydämen teologia	13
2 | Jumalan kuvan ennalleenasettaminen	30
3 | Sota Jumalan feminiinistä kuvaa vastaan	54
4 | Kaksi näkökulmaa	83
5 | Jumalan äidinsydän	92
6 | Rakkauden pilvi	116
7 | Rakkauden vastaanottaminen	137
Lähteet	146
Kutsu sinulle	148
Fatherheart Media	149

Kiitokset

Tarkoitukseni oli saada tämä kirja valmiiksi jo vuoden 2007 loppuun mennessä, mutta hyvistä aikeistani huolimatta kirjan saattaminen painokuntoon on vienyt näin kauan aikaa. Kuluneet vuodet ovat johdattaneet minut syvemmälle kirjassa käsiteltyihin asioihin, ja uskallan väittää, että jos odottelisin toiset kuusi vuotta, olisi vielä enemmän sanottavaa.

Kirjan teksti kumpuaa syvältä sisimmästäni ja seuraa sydämeni matkaa pyrkiessäni tuntemaan Jumalaa kaikessa täyteydessään. Kiitän niitä rohkeita sieluja, jotka ovat kannustaneet minua ja tehneet matkaa kanssani. Osoitan myös kiitokseni niille, jotka ovat antaneet minulle rohkeutta uskoa, että se, mitä "näen", on teologisesti ja opillisesti tervettä.

Olen kiitollinen C. S. Lewisille, Brennan Manningille, Henri J. M. Nowenille, Katharine Bushnellille, Paul Tournierille ja Madame Guyonille (muiden muassa), jotka ovat kirjoituksillaan vaikuttaneet hengelliseen kasvuuni ja kehitykseeni.

Olen myös äärettömän kiitollinen siitä, että minulla on ollut etuoikeus nähdä läheltä Jack ja Dorothy Winterin elämää ja rakkautta. En voi kyllin korostaa sitä, että juuri he johdattivat minut tälle löytöretkelle. Dorothy oli ensimmäinen tapaamani nainen, jolla oli todellista voimaa, arvokkuutta ja nöyryyttä. Hän osoitti minulle, että on hyvä tutkia hieman syvemmin asioita, joita pidettiin sen ajan kristillisyydessä itsestään selvinä, erityisesti uskomuksia naisen roolista. Jack ja Dorothy olivat ensimmäisiä, jotka saivat meidät todella näkemään, mitä kristityn elämä on: se on yksinkertaisesti sitä, että opettelemme elämään rakastaen Jumalaa ja rakastaen ihmisiä.

Tahdon myös kiittää Clay ja Mary McLeaniä siitä, mitä olen saanut heidän elämänsä ja palvelutyönsä kautta (www.mcleanministries.org). Olen tavannut heidät vain kerran hyvin lyhyesti, mutta olen kuunnellut paljon Clayn opetuksia maskuliinisuudesta ja feminiinisyydestä ja niiden vaikutuksesta seksualisuuteen. Hänen työllään on ollut merkittävä vaikutus omaan työhöni.

Tätä kirjaa ei ole kirjoitettu yksin eikä tämä ole ensimmäinen yritys saada sitä aikaan. Lahjakkaat ja oivaltavat ihmiset ovat yhteistyössä vaikuttaneet sen toteutumiseen. Haluan ensinnäkin kiittää Briar Whiteheadia kaikesta hänen työstään tämän hankkeen hyväksi ja siitä, että hän on uskonut lujasti sekä siihen että minuun.

Kirjan käsikirjoitus on käynyt läpi lukuisia vaiheita ja saanut lopullisen muotonsa ystäväni ja työtoverini Stephen Hillin pätevyyden, kärsivällisyyden ja sinnikkyyden ansiosta. Stephen on muokannut sen julkaisukuntoon muistiinpanoista, luentoteksteistä, äänitteistä ja haastatteluista.

Lopuksi kiitän parasta ystävääni ja aviomiestäni Jamesia kaikesta rohkaisusta, jota hän on osoittanut minulle yhteisten vuosiemme aikana.

Denise Jordan
Taupo, 2013

Esipuhe

Tämä kirja on syntynyt monien vuosien vaelluksesta Jumalan kanssa sekä kanssakäymisestä äärimmäisen särkyneiden ihmisten kanssa.

Lapsuudestaan lähtien aikuisikäänsä asti Denise on joutunut kärsimään paljon ja ollut myös kaikkien kärsivien sankari: hän on jo lapsena puhdistanut ja sitonut vertavuotavan, hakatun juopon haavoja kadulla ja sittemmin antanut sielunhoitoa ihmisille, joilla on ollut syviä seksuaalisia ongelmia ja psyykkisiä vaikeuksia.

Niin kauan kuin olen tuntenut Denisen hän on ollut "Jumalan etsijän" ruumiillistuma. Hän etsii jatkuvasti Jumalan todellisuudesta entistä suurempia ulottuvuuksia, jotka voivat aidosti parantaa särkyneitä sydämiä. Tiedän tämän, koska olen ollut hänen aviomiehensä ja matkakumppaninsa viimeisten 42 vuoden ajan. Näiden vuosien aikana hän on monia kertoja puhunut elämääni saaden minut ihmettelemään, mahtaako Pyhällä Hengellä olla (ainakin minun suhteeni) toinen nimi: Denise. Voin rehellisesti sanoa, että hän on tehnyt minulle pelkästään hyvää kaikkina yhteisinä vuosinamme.

Denise on huomannut, että Jumala, meidän Isämme, ylittää sukupuolten rajat ja että kaikki se, mitä ihminen on, on lähtöisin Jumalasta. Sen vuoksi kaikki, mitä maskuliinisuus on, ja kaikki, mitä feminiinisyys on, on tullut häneltä. Pelkästään tämän tosiasian seurauksena monen ihmisen teologiassa tapahtuu käänteentekevä mullistus.

Minua huvittaa toisinaan, millä tavoin jotkut suhtautuvat naisten asemaan palvelutyössä. On muistettava, että ensimmäinen kristillisen totuuden välittäjä oli nainen. Ensimmäinen henkilö, joka julisti Jeesuksen ylösnousemuk-

xi

sesta, oli nainen, ja kun Jeesuksen miespuoliset opetuslapset eivät ottaneet sitä vastaan, Jeesus nuhteli heitä. Olen itse saanut apua yhtä lailla naisilta kuin miehiltäkin, ja niistä ihmisistä, jotka ovat vuosien varrella palvelleet minua, Denise on listan huipulla.

Olen varma siitä, että tämä kirja on todella hyödyksi kaikille, jotka sen lukevat. Kirja koostuu paljolti siitä, mitä Jumala on suoraan opettanut Deniselle, samoin kuin poiminnoista kristikunnan syvällisimpien ja merkittävimpien kirjoittajien ajatuksista. Lukiessasi kirjaa avaa sydämesi ja mielesi ja anna Jumalan opettaa sinua. Toivon ja uskon, että saat kokea ratkaisevan harppauksen eteenpäin vaelluksessasi Jumalan kanssa.

M. James Jordan

1 | Sydämen teologia

Denise Jordanin haastattelu

Työskennellessäni Denisen kanssa tämän kirjan käsikirjoituksen parissa mietin, millä tavoin lukija pääsisi parhaiten käsiksi niihin syvällisiin asioihin ja kysymyksiin, joita kirjassa käsitellään. Johdanto tai selittävä luku kirjan alussa olisi saattanut riittää, mutta kaikkein paras tapa kirjan esittelemiseksi on esitellä lukijoille sen kirjoittaja. Päätimme siis tehdä niin. Aloitimme keskustelun muutamilla valituilla kysymyksillä, mutta ennen pitkää huomasimme, että Pyhä Henki elävöitti keskustelumme ja toi uskoakseni esiin asioita, jotka ovat täynnä elinvoimaa ja oivalluksia. Kunnioitan Deniseä, että hän on avannut sydämensä sellaisella tavalla, mikä tekee tämän kirjan lukemisesta rikkaan ja antoisan kokemuksen. — Stephen Hill

Stephen Hill: *Aivan aluksi, Denise, saanko kysyä, mitä sydämelläsi oli kirjoittaessasi tämän kirjan?*

Denise Jordan: Se lähti oikeastaan oman elämäni kysymyksistä ja asioista, joiden kanssa olen kamppaillut vuosien mittaan. Oli asioita, joita en lapsena ja nuorena voinut pitkään aikaan ymmärtää. Vaikka olin tullut uskoon ja kuuluin hyvään seurakuntaan, sisimmässäni oli edelleen jotakin, mikä ei tuntunut oikealta, erityisesti ajatellessani omaa identiteettiäni tyttärenä. Näin, kuinka asiat toimivat miesten osalta. Raamattu oli täynnä viittauksia veljiin, poikiin ja niin edelleen. Suurin osa raamatunjakeista näytti viittaavan maskuliiniseen, ja tietenkin Jumala ilmenee Raamatussa Isänä. Syvällä sisimmässäni oli kysymys: "Entä naiset?" Saatoin nimittäin nähdä, että Jeesuksella oli elämässään ja palvelutyössään läpikotaisin erilainen näkökulma ja aivan erilainen tapa suhtautua naisiin kuin kenelläkään muulla. Koska Jeesus on Jumalan Poika ja Isän täydellinen ilmaus, saatoin jo omankin raamatuntuntemukseni perusteella nähdä, että Jumalalla *on* erilainen tapa nähdä naiset kuin oli aina esitetty.

On selvää, että olet ollut uranuurtaja tämän aiheen opettamisessa sekä sen kautta, kuka itse olet, että myös puhujana. Olet ottamassa askeleen eteenpäin siitä, mitä sinä ja James nykyään teette opettaessanne Isän sydän -kouluissa ja -konferensseissa, ja haluat nyt julkaista tämän painotuotteena. Mikä on muuttunut, niin että haluat saattaa sen painettuun muotoon?

On itse asiassa kysymys seuraavasta. Olen jo vuosia puhunut Jumalan äidinsydämestä sekä sodasta, jota vihollinen käy feminiinisyyttä vastaan. Tähän sotaan vihollisella on aivan erityinen syy: se haluaa tuhota Jumalan kuvan. Opetettuani näistä asioista konferensseissa, kouluissa ja seminaareissa väistämätön kysymys on aina: "Onko tästä olemassa jokin kirja?" Minun on aina ollut pakko vastata: "Ei ole", koska tietääkseni missään muualla ei opeteta samasta näkökulmasta ja samalla tavalla kuin minä. On kirjoitettu kirjoja naisen asemasta seurakunnassa ja siitä, että naisen pitäisi saada puhua seurakunnassa, mutta minä en oikeastaan ole kiinnostunut siitä aiheesta.

Mikset?

Koska minusta todelliset kysymykset liittyvät paljon olennaisempiin asioihin kuin siihen, sallitaanko naisten puhua seurakunnassa. Se on sivuasia.

1 | Sydämen teologia

Menet paljon syvemmälle tasolle ja pureudut paljon syvällisemmin ongelmien juuriin. Yrität vastata kysymykseen, joka on paljon perustavampi kuin naisten oikeudet seurakunnassa.

Täsmälleen! Henkilökohtainen mielipiteeni on, etten usko meidän voivan ollenkaan tarttua tuohon erityiseen ongelmaan, ennen kuin alamme paremmin ymmärtää sitä, että Jumala on sekä maskuliininen että feminiininen ja että meidät on luotu täysin hänen kuvakseen, mieheksi ja naiseksi. Jossakin mielessä olemme uuden teologisen näkökulman uranuurtajia.

Haluaisin kuulla, mitä sanot siitä, että joidenkin mielestä kaikki sisältyy kirjoitettuun Sanaan, logokseen. Kuinka ajatus "uraauurtavasta" teologiasta käy yksiin tämän kanssa? Voitko kommentoida tätä, koska on myös totta, että yksi Fatherheart Ministries -palvelutyön selkeimmin ilmaistuja arvoja on se, että kaiken opetuksen on perustuttava Raamattuun. Voitko sanoa jotakin siitä, miten opetuksesi esimerkiksi Jumalan äidinsydämestä perustuu Raamattuun?

James tekee usein niin, että hän nostaa Raamatun ylös sanoen: "Tässä kirjassa on enemmän kuin siitä on tullut esiin!" Se on aivan totta. Kaikki, mitä opetamme, perustuu vankasti Raamatun kirjoituksiin. Kaikki, mikä on uutta, täytyy osoittaa oikeaksi kolmen tai neljän muun raamatunkohdan avulla. Kaikki, mitä opetamme esimerkiksi Jumalan äidinsydämestä tai siitä, että Jumalan koko kuvaan kuuluu sekä maskuliinisuus että feminiinisyys, perustuu ainakin kolmeen tai neljään erityiseen raamatunkohtaan. Sanon näin, mutta minulle tietenkin koko Raamattu on täynnä sitä. Kun on kerran alkanut nähdä sitä, sen näkee kaikkialla. Sille, mitä sanomme, on olemassa hyvin raamatulliset perustelut. Emme koskaan puhu mitään uutta, ellei sitä voida

15

täysin perustaa Raamattuun. Mutta kuten sanoit, teologia on elävää. Jos se ei elä eikä kehity, siitä tulee lakihenkistä ja kuollutta. Uskon, että olemme tulleet sellaiseen aikaan historiassa, jolloin Jumala tuo esiin nimenomaan tätä ilmestystä. Hän paljastaa enemmän itsestään ja antaa meille uutta näkemystä ja tuoretta ymmärrystä sen johdosta, mitä maailmassa tapahtuu. Jumala on odottanut sellaista aikaa, jolloin on selkeä tarve tälle ilmestykselle, ja hän antaa sen tulla julki. Juuri nyt on todellinen tarve tietää näitä asioita, joita me opetamme.

Tämä on todella profeetallista teologiaa, joka virtaa sydämestä niiden sydämiin, jotka ottavat sen vastaan.

Kyllä, ehdottomasti. Teologia ei tule objektiivisesta tutkimisesta. Teologia tulee sydämestä. Se on elävää. Raamatun tulkinta nousee sydämestä. Kuulet Jumalan puhuvan sinulle sydämesi tilan mukaisesti.

Aivan, teologia itse on kasvava, elävä kokonaisuus. Jos teologia on aitoa teologiaa, joka kumpuaa sydämestä ja tulee Jumalalta itseltään, se on koko ajan uutta luovaa.

Jumala paljastaa meille jatkuvasti enemmän itsestään. Hänen sanansa on "uusi joka aamu"! Raamattu sanoo, ettei hän muutu, mutta hän on uusi meille paljastaessaan meille lisää itsestään.

Niinpä tämän opetuksen aiheuttamat teologiset reaktiot johtuvat todennäköisimmin ihmisten sydämen tilasta ja vakiintuneista uskomuksista?

Uskon todella niin. Opettaessamme Jumalan äidinsydämestä kosketamme äärettömän syviä tunteita. Vaaditaan rohkeutta hyväksyä sellaista, mikä saattaa olla aivan uutta, kun samalla tuntee valtavaa kipua. Yksi puolustuskeino on julistaa teologia vääräksi. Opettaessamme tästä joudumme

1 | Sydämen teologia

myös vastakkain vallitsevan teologian kanssa, joka on ollut hyvin paljon naisvihan pönkittämää. Vahvistamme Raamatun pohjalta, että Jumala on sekä maskuliininen että feminiininen.

Lähtökohtasi on siis näkemyksesi Jumalan kuvasta Raamatun alkulukujen perusteella — että ihmiskunta on luotu Jumalan kuvaksi: mieheksi ja naiseksi hän loi heidät. Tämä on pohjimmiltaan sinun lähtökohtasi. Pystyt näkemään Jumalan alkuperäisen kuvan ja siitä pääset Jumalan todelliseen luonteeseen, joka käsittää maskuliinisen ja feminiinisen. Onko näin?

Juuri näin. Sillä tavoin tämä on syntynyt. On tärkeää, että aidon teologian juuret ovat Ensimmäisessä Mooseksen kirjassa, alkujen kirjassa. Näkemys siitä, että Jumalan täydellinen kuva käsittää sekä maskuliinisen että feminiinisen, todentuu heti Raamatun ensimmäisen kirjan alussa. Mutta sydämessäni oli siihen aikaan käynnissä toinenkin asia. Vuoden 1980 tienoilla kävin omassa elämässäni läpi syvän paranemisen aikaa, ja joistakin elämänkokemuksistani johtuen tunsin, että minun oli hyvin vaikea lähestyä "miehistä" Jumalaa. Koin asian tällä tavoin omien, hyvin tuskallisten ja kielteisten kokemusteni takia. Minun oli erittäin vaikea avata sydäntäni Jumalalle, joka on isä. Uskon, että monilla naisilla on sama ongelma, ja se on aivan ymmärrettävää — heitä on vahingoitettu ja haavoitettu syvästi. Jopa jotkut Raamatun sanakäänteet saattavat olla esteenä naisille, jotka ovat kokeneet väärinymmärrystä ja hylkäämistä. Hyväksikäytettyjä naisia pelottaa suuresti avata sydämensä "miehiseltä" tuntuvalle Jumalalle. Tämä oli minun tilanteeni. Huusin Jumalan puoleen sanoen: "Toivoisin, että olisit kuin äiti! Silloin voisin tulla lähellesi ja luottaa sinuun."

Tässä on oikeastaan kyse sydämeen liittyvästä asiasta. Monien on vaikea nähdä Jumala sekä maskuliinisena että feminiinisenä, koska he yrittävät ymmärtää asiaa älyllisesti. Mutta kyse on sydämestä. Tarkoitatko sitä, että sydämesi kipu ja tarve oli se portti, jonka kautta vastaanotit tämän ilmestyksen Jumalan äidinsydämestä?

Kyllä. Jumala kohtaa meidät siinä, missä olemme. Hän näkee sydämemme tilan. Teologinen ymmärrys sinänsä ei voi parantaa sydämemme kipua.

Ymmärsitkö tämän jo ennen kuin näit sen totuuden, että Jumalan kuva on sekä maskuliininen että feminiininen? Oliko alkuperäisenä kimmokkeena tarve saada Jumalan äidillistä rakkautta?

Kyllä. Se oli kaipaus saada Jumalan lohduttavaa ja hoivaavaa rakkautta. Se oli tarve saada selville, onko Jumalassa *kerrassaan mitään* hellää, hoivaavaa ja lohduttavaa, sellaista, mikä on olennaisesti feminiinistä. Juuri se sai minut etsimään. Mutta kesti vielä kymmenisen vuotta, ennen kuin Jumala alkoi näyttää minulle sitä, mikä tuli ilmi hänen kuvansa ymmärtämisen kautta — että hän on todellakin yhtä lailla äiti kuin isäkin suhtautumisessaan meihin.

Aloitit siis sydämen tutkimusmatkan, ja se johti sinut takaisin hänen alkuperäiseen kuvaansa ja paljasti, kuka hän todella on.

Aivan, tuo kuvaa sitä hyvin.

Opetatko asiat tarkoituksellisesti tietyssä järjestyksessä?

Opettaessani aloitan yleensä Jumalan kuvasta. Osoitan, että Jumala on sekä maskuliininen että feminiininen. Se johtaa minut opettamaan misogyniasta. Lopuksi puhun äidinsydä-

1 | Sydämen teologia

mestä, koska tunnen, että siihen mennessä monet vastustuksen muurit ovat murtuneet — vastustus sitä kohtaan, että Jumalalla on äidillinen sydän.

Mitä misogynia on? Voitko määritellä, mitä se tarkoittaa?

Se tarkoittaa yksinkertaisesti 'naisvihaa', sana tulee tietääkseni kreikan kielestä.[1] Haluaisin kuitenkin laajentaa sanan merkitystä tarkoittamaan 'vihaa feminiinisyyttä kohtaan' syistä, jotka käyvät selville kirjasta.

Kuinka suuri merkitys opetuksella Jumalan äidinsydämestä on Fatherheart Ministries -järjestön Isän sydän -kouluissa?

Olemme huomanneet, että opetus Jumalan äidinsydämestä on erittäin tärkeä avain, joka auttaa joitakin ihmisiä avaamaan sydämensä Isän rakkaudelle. Jos hänen rakkautensa meitä kohtaan on vain maskuliinista, hallitsevaa rakkautta, kuten se on usein meille esitetty, on lähes mahdotonta avata sydäntään hänen rakkaudelleen — lainsäätäjän ja tuomarin rakkaudelle. Mutta on mahdollista avata sydämensä äidinrakkaudelle tai sellaiselle Jumalalle, joka tulee luoksesi rakastavana Isänä, erilaisena kuin kukaan maallinen isä. Monien on vaikea avata sydäntään maskuliiniselle hahmolle, jos he uskovat, että Jumala on pelkästään maskuliininen, ja jos heidän käsityksensä maskuliinisuudesta on muovautunut maailman järjestelmän tai langenneisuuden pohjalta — heidän oman elämänsä miespuolisten henkilöiden kautta, joiden joukossa on heidän oma isänsä. Puhun nyt sydämen tasolla, ihmisten kokemuksista, en heidän teologisista uskonkappaleistaan. Kun ymmärrämme, että Jumalan sydämen syvyyksissä on sydän, jonka

---
1. *Misogynia*, 'naisviha', kreikan sanoista *misos*, 'viha' ja *gyne*, 'nainen'.

useimmat meistä liittäisivät hellään ja myötätuntoiseen äitiin, se auttaa suuresti avaamaan sydämemme Isälle. Monesti huomaamme, että silloin saamme läpimurron, ja siihen mennessä on jo laskettu iso osa perustasta ilmestykselle Isästä.

"Äitiongelma" on hyvin alkukantaista perua, eikö totta?

Epäilemättä. Lohdutus (josta Jumala puhuu feminiinisin termein Jesajan kirjassa 66:13) on hyvin perustava asia, koska ihmisen elämä alkaa äidin kohdussa. Isät voivat olla läsnä tai poissa, mutta elämämme alkaa äidin kohdussa. Siitä ei pääse yli eikä ympäri. Ennen isyyttä on keskityttävä äidillisen rakkauden ja lohdutuksen vajeeseen.

Näyttää siltä, että lohdutuksen tarve on suurimpia tarpeita nykyään — sekä uskovilla että ei-uskovilla.

Kyllä. Itse asiassa, kun puhuin ensimmäistä kertaa Jumalan äidinsydämestä ja Jack Winter kuuli minun pukevan sen sanoiksi, hän kommentoi asiaa näin: "Ehkäpä se, mitä olemme kutsuneet Isän rakkauden palvelutyöksi, onkin hänen äidinrakkautensa palvelutyö." Jack oli puhunut rakkaudesta ja lohdutuksesta monien vuosien ajan ja puhunut jopa siitä, että Jumalalla on äidillistä rakkautta, mutta ei ollut koskaan ilmaissut sitä samoin sanoin kuin me. Äiti on se, joka ensi sijassa antaa lohdutusta lapsille. Tietyssä mielessä palvelutyömme on laajentunut sen jälkeen, kun Jack Winter lausui nuo sanat, mutta tunnen vieläkin, että se oli merkityksellistä.

Voisimme sanoa tätä profeetalliseksi sanomaksi. Mitä sinulle merkitsee olla "profeetallinen"?

En kutsuisi itseäni "profeetalliseksi" tai väittäisi tätä profeetalliseksi, mutta sanoisin näin: joku on sanonut, että "päällä

1 | Sydämen teologia

on tietoa, jota sydämellä ei ole, ja sydämellä on tietoa, jota päällä ei ole".² Uskon, että tämä kirja tuo esiin totuuksia, jotka voidaan tietää ensi sijassa sydämen tasolla. Puhumani totuudet herättävät vastakaikua sydämessä. Monien sydämet uskovat tähän, mutta heidän päänsä sanoo, että nämä totuudet ovat itse asiassa liian hyviä ollakseen totta tai heidän teologiassaan ei ole tilaa niille. Toistan vielä: en ajattele sitä niinkään "profeetallisena", vaan mieluummin "sydämen tietona".

Selvyyden vuoksi, se on sus enemmänkin sydämen tietoa kuin varsinaisesti profeetallista siinä mielessä kuin yleensä ymmärrämme "profeetallisen".

Sanaa "profeetallinen" on käytetty aivan liikaa parinkymmenen viime vuoden aikana, eikö totta? Sitä on käytetty niin paljon, että itse haluaisin päästä eroon koko sanasta.

Onko vaikea sijoittaa feminiinisyyttä Jumalan sydämeen ja olemukseen?

Puhumme siitä, että Jumala synnyttää asioita. Jumala on synnyttänyt luomakunnan. Fyysiseen synnyttämiseen tarvitaan feminiinisyyttä. Sanomme, että henkemme on olemuksemme syvin osa, ja Raamattu sanoo, että Jumala on henki. Heprean kielen sana "henki" on feminiininen sana. Galatalaiskirjeessä luetellut ominaisuudet, Hengen hedelmä, ovat piirteitä, joita yleisesti pidetään feminiinisinä. Hänen sydämensä halu on, että tullessamme hänen luokseen henkemme saa yhteyden hänen Henkeensä.

C. S. Lewis on sanonut, että Jumala on niin maskuliininen, että olemme kaikki feminiinisiä hänen edessään (tai jotakin sen suuntaista). Tämä näyttäisi olevan ris-

---

2. Tämä saattaa viitata Blaise Pascalin elämänohjeeseen: "Sydämellä on ymmärrystä, jota ymmärrys ei ymmärrä."

21

tiriidassa sen kanssa, mitä sinä sanot. Voisitko yrittää selittää, miksi nämä kaksi asiaa ovat totta?

Mielestäni C. S. Lewis sanoo näin tietystä syystä: vain Jumalalla on voima panna alulle. Hän on kaiken alkuunpanija, ja ennen kaikkea tämä piirre tekee hänestä maskuliinisen. Jos sen sijaan katsomme Jumalan halua läheiseen yhteyteen, se on aidosti feminiinistä. Olemme feminiinisiä hänen edessään, koska voimme ainoastaan vastata hänen aloitteeseensa, mutta hänen halunsa olla syvällisessä sydämen yhteydessä kanssamme voidaan määritellä feminiiniseksi piirteeksi.

Antaako tämän ymmärtäminen ihmisille uudenlaisen vapauden tunteen? Mikä vaikutus sillä on ihmisen sydämeen, että Jumala nähdään hänen feminiinisyytensä valossa?

Uskon vahvasti siihen, että kokemus rakkaudesta ja tietoisuus siitä, että olemme rakastettuja, tekee meistä täydellisesti ihmisiä. Ollessamme täydellisesti ihmisiä olemme täysin elossa — elämme elämää, nautimme elämästä, nautimme ihmissuhteista. Luullakseni on aivan kiistatonta, että maailmassa ihmiset etsivät suurin joukoin rakkautta. Tyypilliset riippuvuudet, joihin ihmiset ajautuvat — myös riippuvuus sellaisista asioista kuin työ tai shoppailu — ovat kaikki yrityksiä verhota syvää tarvetta olla rakastettu ja rakastettava. Kaipaus ja tarve olla rakastettu on Jumalan meille antama, jotta hän voisi täyttää sen.

Niin kauan kuin näemme hänet vanhan ajatusmallin mukaisesti, joka rajoittuu "langenneen maskuliinisuuden" piirteisiin, se ei ikinä tapahdu. Sen vuoksi on tärkeä ymmärtää, mitä misogynia, naisviha, tarkoittaa, koska vihollisen suunnitelmana on estää meitä koskaan tietämästä, kuka Jumala todella on.

1 | Sydämen teologia

Sanoisit siis, että syvällä sydämessämme oleva tarve on kuin peili, joka heijastaa Jumalan omaa luonnetta.

Jos esimerkiksi tarvitsen kipeästi äidinrakkauden antamaa lohdutusta, sitä ei voisi olla sydämessäni, ellei siihen olisi olemassa vastausta Jumalassa.

Juuri tätä tarkoitan. Voimme tarvita ja kaivata ainoastaan sellaista, mikä on lähtöisin Jumalasta ja minkä hän yksin voi tyydyttää.

Tämä tuo mieleeni teologisen termin "antropomorfismi", joka tarkoittaa sitä, että heijastamme inhimillisiä ominaisuuksia Jumalaan voidaksemme ymmärtää häntä paremmin. On myös olemassa toinen termi, "teomorfismi", jonka mukaan kaikki inhimilliset ominaisuudet (ei tietenkään koske niitä, jotka johtuvat langenneisuudesta) ovat heijastusta siitä, mikä on Jumalassa.

Ehdottomasti.

Siinä mielessä kaikki inhimillinen, mikä ei ole langenneisuutta, on kuva siitä, mikä on jo olemassa Jumalassa.

Uskon siihen täysin. En voisi nähdä sitä millään muulla tavalla. Kirjassaan *Heaven: The Heart's Deepest Longing* (Taivas: sydämen syvin kaipaus) Peter Kreeft lainaa C. S. Lewisia, joka on sanonut tähän tapaan: "Joskus uskon, ettemme ajattele taivasta riittävän paljon. Toisinaan taas en usko meidän muuta ajattelevankaan."[3] Kirjan lähtökohtana on, että sydämemme on luotu taivasta varten. Hän kysyy esimerkiksi sitä, miksi pyrimme täydellisyyteen, vaikka emme ole koskaan nähneet täydellisyyttä. Kuitenkin pyrimme

---

3. "On ollut aikoja, jolloin arvelen, ettemme kaipaa taivaaseen, mutta vielä useammin huomaan ihmetteleväni, olemmeko sydämemme syvyyksissä koskaan muuta kaivanneetkaan." Peter Kreeftin lainaus teoksessa *Heaven: The Heart's Deepest Longing (Expanded Edition)*, Ignatius Press, 1989.

jatkuvasti siihen, koska jokin sydämessämme sanoo, että se on olemassa. Koko kirja on hienosti kirjoitettu uskon puolustuspuhe. Uskon, että asiat, joita kaipaamme mutta emme koskaan saa, ovat (Peter Kreeftin sanoja käyttääkseni) "heijastumia taivaasta". Rakastan tätä termiä — ne ovat heijastumia taivaasta. Peter Kreeft käyttää eräänä esimerkkinä romanttista rakkautta. Se on lähes saavuttamatonta: sitä tavoitellaan ja siitä saatetaan saada hetkellistä tyydytystä, mutta oikeastaan se on heijastumaa taivaasta. Yhtäkkiä sydämemme näkee jotakin ja juoksemme sen perään, mutta todellisuudessa etsimme taivasta, kokemusta siitä, että elämme Jumalassa.

Voitko kertoa, ketkä kirjailijat ovat eniten vaikuttaneet sinuun ja sydämen teologiaasi ja opetukseesi?

Ensiksi minun on mainittava Brennan Manning, koska hän oli mies, joka oli todella kosketuksissa omaan särkyneisyyteensä, ja silti hänellä oli armo säilyttää uskonsa Jumalaan. Sen ansiosta hän löysi täydellisesti rakastavan ja hoivaavan Jumalan, joka antaa kerta kerran jälkeen uuden mahdollisuuden. Tämän vuoksi Brennan Manning oppi tuntemaan ja ymmärtämään syvällisesti Jumalan sydäntä. Kun hän kirjoitti, hänen sanansa olivat täynnä armoa, ja ne antavat ihmisille valtavasti toivoa.

Sanoisin myös, että C. S. Lewisin teokset ovat merkittävimpiä vaikuttajia elämässäni. Uskon, että hän oli mies, joka todella näki taivaan. Hän oli nuorena poikana kokenut suunnatonta yksinäisyyttä ja hylkäämistä, mutta löysi oman paikkansa Jumalassa. Hänen kirjoituksensa vievät minut aivan uudelle tasolle ja avaavat silmäni uusille ulottuvuuksille.

Henri Nouwen on kirjailija, jonka teoksia rakastan samoista syistä kuin Brennan Manningin.

1 | Sydämen teologia

Kirjailija, josta todella pidän, on Peter Kreeft. Osa hänen elämäntyötään on kirjoittaa C. S. Lewisin ajatuksista ja selittää niitä. Olen saanut häneltä hyvin paljon.

Olen lukenut paljon Paul Tournierin kirjoituksia, jotka koskevat sielunhoitoa, tunteiden parantumista ja vastaavia asioita. Hänkin oli mies, joka oli menettänyt paljon elämässään mutta etsi vilpittömästi Jumalalta apua tarpeisiinsa. Hän tunsi suurta armoa ja myötätuntoa ihmisiä kohtaan. Hänen kirjoituksensa ovat hyvin oivaltavia ja täysin vapaita tuomiosta. Hän ymmärsi ihmisen tilan ja suhtautui siihen hyvin myötätuntoisesti.

Olen lukenut paljon myös Leanne Paynea, erityisesti ollessani mukana *Living Waters* -työssä. Hän on kirjoittanut syvällisesti maskuliinisuudesta ja feminiinisyydestä ja ammentanut paljon C. S. Lewisin kirjoituksista.

Madame Guyonin kirjoituksilla on ollut valtava vaikutus hengelliseen kehitykseeni. Hän oli nainen, joka eli äärimmäisen vaikeissa oloissa. Hänen aviomiehensä vainosi häntä, hän joutui kärsimään lastensa kuoleman ja koki hylkäämistä ja vankeutta. Hän kärsi hirvittävän määrän surua elämässään, mutta selvisi siitä menemällä aina vain syvemmälle Jumalaan. Hänellä on kokonainen teologia kärsimyksestä. Hänen koko elämänsä ja sanomansa käsitteli sitä lohdutusta, joka voidaan löytää Jeesuksessa.

Milloin sait ilmestyksen ja kokemuksen Jumalan äidinrakkaudesta? Yritän saada käsityksen, miten se ajoittuu elämääsi ja palvelutyöhösi.

Aloin varmaankin nähdä asian teologisesti ennen kuin sain todella kokea hänen rakastavan minua äitinä — aidolla hoivaavalla, lohduttavalla rakkaudella.

Monet näistä asioista eivät ole heti ilmiselviä, kun alkaa lukea Raamattua. Sen takia monilla on tietyt

25

käsityksensä Jumalasta. *Koettuasi Jumalan valtavaa rakkautta aloit nähdä asiat aivan eri valossa. Siinä mielessä teologiasi uudistui radikaalisti. Joskus ihmettelen, miksi Raamatussa ei puhuta tästä selväsanaisemmin. Onko sinulla jotakin sanottavaa tästä?*

On sanottu, että "Jumala kätkee itsensä" ja että hän on Jumala, joka rakastaa sitä, että ne, jotka etsivät häntä, löytävät hänet. Hän on pannut meihin jotakin sellaista, mikä rakastaa mysteereitä ja asioiden esiin kaivamista. Tämä on osa sitä.

On vielä toinenkin asia. Tässä palvelutyössä puhumme paljon kahdesta puusta: elämän puusta ja hyvän ja pahan tiedon puusta. Hyvän ja pahan tiedon puu tulee ilmi Jeesuksen sanoissa fariseuksille Johanneksen evankeliumin 5. luvun jakeessa 39: "Te kyllä tutkitte kirjoituksia, koska luulette niistä löytävänne ikuisen elämän — ja nehän juuri todistavat minusta." Tätä ei voi löytää kirjoituksista, *ellei* syö oikeasta puusta! Kun syöt elämän puusta — joka on rakkauden paikka ja kokemus siitä, että olet rakastettu — saat syvempää ilmestystä.

Ymmärrän nyt, mitä Jeesus tarkoitti sanoessaan, että hänellä olisi ollut paljon enemmänkin puhuttavaa opetuslapsille, mutta hän ei voinut tehdä sitä, koska he eivät vielä kyenneet ottamaan sitä vastaan. Uskon, että jos hän olisi puhunut niistä silloin, ne olisivat hyvinkin voineet kuulostaa lain alla elävien korvissa harhaopilta. Mutta rakkaus näkee asiat eri tavalla. Paavali sanoi kokemuksestaan kolmannessa taivaassa, että hän kuuli asioita, joita "ihminen ei voi eikä saa lausua". On mahdollista tulkita se niin, että häntä oli kielletty puhumasta niistä, mutta uskon, että se viittaa myös asioiden sisältöön: asiat olivat "lain" yläpuolella ja olisivat kuulostaneet väärältä uskonnolliselle mielelle.

1 | Sydämen teologia

Eikö Paavali sanonut: "Kaikki on minulle luvallista — mutta kaikki ei ole hyödyksi" (1. Kor. 6:12) ja "Puhtaille kaikki on puhdasta" (Tit. 1:15). Ne ovat itse asiassa erittäin syvällekäyviä ja tyrmistyttäviä väitteitä, kun niitä oikein ajattelee! Hän puhuu jostakin, mikä menee hyvän ja pahan tiedon ylitse. Hyvän ja pahan tiedon puu määrittelee hyvin tarkat rajat, mutta elämän puun ainoa arviointiperuste on rakkaus ja se, kuinka rakkaus vaikuttaa toiseen.

Elämän puu tuo kaiken aivan uuteen valoon. Näkisinpä aina Raamatun sen linssin läpi, se on minun toiveeni. Joskus, kun palaan syömään elämän puusta, ajattelen: "Nyt ymmärrän" — näen Sanan *todellisen* merkityksen. Emme voi kunnolla saarnata tästä vielä, koska me (Kristuksen ruumis) emme ole vielä valmiita kuulemaan sitä.

Mitä sinä voit puhua? Mitä voit saarnata? Mistä voit kirjoittaa? Mistä lähdet liikkeelle tässä?

Puhuessani en halua mennä kuulijoiden ohi. Haluan, että ne, jotka lukevat tätä kirjaa, voisivat ymmärtää ja ottaa vastaan sen, mitä yritän Jumalan avulla tuoda esiin. Ellen puhu ihmisille sillä tasolla, missä he ovat, ryöstän heiltä sen hyvän, mitä tässä kirjassa on. Olen oppinut yhden asian eräältä henkilöltä, jolla oli suuri vaikutus elämäämme. Hän puhui meille juuri sillä tasolla, millä olimme, mutta niin syvällisesti, että jotenkin tajusimme asiassa olevan paljon enemmän kuin vain sitä, mitä hän sanoi. Se sai minut nälkäiseksi. Ajattelin: "Haluan tietää sen, mitä hän tietää. Hän ei kerro meille kaikkea. Mitä hän jättää *sanomatta?*" Tällä tavoin minä haluan kommunikoida. Haluan saada ihmiset nälkäisiksi, jotta he alkaisivat itse etsiä.

Huolestuttaako sinua, että sitä, mitä sanot, voidaan arvostella tai sen uskottavuutta murentaa?

Ei, en ole vähääkään huolestunut siitä, koska uskon, että ilmestys jatkuvasti kasvaa. Kuten totesimme aikaisemmin, teologia on elävää. Ellei se ole sitä, se on vain kuollutta uskontoa.

Olen myös huomannut vuosien mittaan, että jotkut ovat samaa mieltä jonkun henkilön teologiasta ja eri mieltä jonkun toisen teologiasta. On monia teologisia koulukuntia ja monia näkemyksiä, ja kaikki voidaan perustella raamatullisesti — aivan kuten tämäkin voidaan! Tämä opetus ei ole tuulesta temmattua. Se voidaan osoittaa vakaasti ja luotettavasti todeksi Raamatusta. Tunnen itse hengessäni olevani sopusoinnussa tämän kanssa, ja Raamattu myös tukee sitä.

Lopuksi, Denise, mitä toivot tältä kirjalta? Miten toivot sen vaikuttavan?

Yksi huolenaiheeni on se, millaisena olemme nähneet Jumalan ja millä tavoin olemme sen seurauksena suhtautuneet häneen. Jos ajatellaan "langennutta maskuliinisuutta" ja "langennutta feminiinisyyttä", olemme olleet taipuvaisia näkemään Jumalan pääasiassa "langenneen maskuliinisuuden" näkökulmasta: vihaisena, kontrolloivana, tunteettomana, julmana, tuomitsevana, määräilevänä — sellaisena, joka rankaisee pienimmästäkin rikkeestä. Tämä ongelma on tullut siitä, että Jumala on nähty pelkästään maskuliinisena — emmekä ole nähneet häntä sellaisena edes sanan aidossa, hyvässä merkityksessä. Menneiden aikojen kristillisyys ja vieläpä monet suuret teologit, jotka ovat muovanneet uskomuksiamme (olimmepa siitä tietoisia tai emme), ovat nähneet Jumalan langenneesta näkökulmasta. Olemme nähneet hänet oman langenneen ajattelumme kautta. Haluan, että ihmiset todella tuntisivat hänen hellyytensä ja myötätuntonsa. Raamattu on täpötäynnä näitä sanoja, mutta ne ovat piilossa, koska ajattelemme ennakkoluuloisesti ja näemme hänet tästä vääristyneestä, liian maskuliinisesta näkökulmasta. Olen tehnyt omaa matkaani kaivaten sitä, että kohtaisin Jumalan, joka ei koskaan hylkäisi eikä tuomitsisi minua, ja haluan ihmisten näkevän tämän todellisuuden. Monien meidän kohdalla *äiti* on se, joka tiukan paikan tullen seisoo rinnallamme. Tunnen, että jos tiedämme Jumalan olevan meille myös äiti (tässä mielessä), voimme tuntea olomme paljon turvallisemmaksi suhteessamme häneen. Tätä minä toivon.

2 | Jumalan kuvan ennalleenasettaminen

Mutta tätä ennen hän ei ollut vielä koskaan nähnyt sellaista todellisuudessa. Sillä nyt hän huomasi, että tämä elävä paratiisi, kuningas ja kuningatar, oli ratkaisu ristiriitoihin, kaariholvia koossa pitävä lakikivi, silta joka ylitti sen, mikä muutoin olisi ollut luomakuntaa halkova kuilu. — C. S. Lewis (suom. Matti Kannosto)

Minkä synti erottaa, sen rakkaus yhdistää: siinä kaikki siunaus asuu... — Madame Guyon

Muistellessani asioita, joita Jumala on opettanut Jamesille ja minulle (asioita, joista elämämme ja palvelutyömme kumpuavat), olen huomannut, että Jumala on vienyt meidät yhä uudelleen Ensimmäiseen Mooseksen kirjaan, "alkujen kirjaan". Hän on vienyt meidät takaisin sen ensi lukuihin: luomiskertomukseen, syntiinlankeemukseen ja siihen, mitä esi-isillemme tapahtui Eedenin puutarhassa. Olemme alkaneet uskoa koko sydämestämme siihen, että Isän tarkoitus on palauttaa jokainen ihminen samaan elämän laatuun ja yhteyteen Jumalan kanssa, josta ihmiskunta sai nauttia aivan alussa Eedenin puutarhassa. Se olisi hyvä alku, eikö totta? Mutta se saattaisi olla vasta alku! Uskon, että Jumalan tarkoitukset ulottuvat vieläkin pitemmälle kuin vain syntiinlankeemuksessa menetettyjen asioiden ennalleen asettamiseen.

Kun James ja minä aloimme ymmärtää, mitä "Jumalan kuva" tarkoittaa, huomasimme, että tämä on äärettömän tärkeä asia voidaksemme nähdä elämän sellaisena kuin Jumala on alun perin tarkoittanut sen olevan. Ymmärrys siitä, mitä merkitsee olla luotu Jumalan kuvaksi, antaa meille rikkaamman ja ehyemmän näkökulman, josta voimme tarkastella itseämme ihmisinä. Se antaa näkökulman siihen, mikä on suhteemme Jumalaan ja mitkä ovat hänen iankaikkiset tarkoituksensa meihin nähden.

Ensimmäisen Mooseksen kirjan ensimmäisen luvun jakeista 26–27 luemme:

> *Jumala sanoi: "Tehkäämme ihminen, tehkäämme hänet kuvaksemme, kaltaiseksemme, ja hallitkoon hän meren kaloja, taivaan lintuja, karjaeläimiä, maata ja kaikkia pikkueläimiä, joita maan päällä liikkuu." Ja Jumala loi ihmisen kuvakseen, Jumalan kuvaksi hän hänet loi, mieheksi ja naiseksi hän loi heidät.*

Nämä ovat tietenkin hyvin tuttuja jakeita. Tuttuudestaan huolimatta ne ovat todella rikassisältöisiä. Aivan aluksi on tärkeä ymmärtää, että heprean sana "ihminen" (engl. käännöksessä "man") jakeessa 26, *adam*, on yleistermi, joka tarkoittaa 'ihmiskuntaa' ja käsittää sekä miehet että naiset. Tässä jakeessa puhutaan Jumalan tarkoituksesta ennen varsinaista luomistyötä. Hänen tarkoituksensa oli luoda ihmiskunta, sekä miehet että naiset.

Tästä jaksosta näemme selvästi, että Jumala halusi luoda kuvan itsestään: jotakin sellaista, mikä omassa ympäristössään heijastaisi tarkasti Luojan luonnetta ja persoonallisuutta. Näemme myös, että halutessaan luoda kuvan itsestään Jumala loi miehen ja naisen. Toisin sanoen, tarvitaan mies *ja* nainen ilmaisemaan täydellisesti sitä, millainen Jumalan kuva on. Vastoin historian kuluessa vallinneita teologioita ja kulttuurisia normeja Jumalan kuva ei ole pelkästään maskuliininen eikä ole rajoittunut miessukupuoleen. Jumalan kuva tulee ilmi *sekä* miehessä *että* naisessa.

Toiseksi on tärkeä ymmärtää, että käskyä hallita ei annettu vain miehelle. Sitä ei myöskään annettu yksinomaan naiselle. Sen sijaan käsky ja auktoriteetti hallita annettiin *Jumalan kuvalle.* Valtuutus hallita annettiin miehelle ja naiselle yhteisesti. Yksi hyvä syy palata takaisin Ensimmäisen Mooseksen kirjan ensi lukuihin on niin sanottu "ensimmäisen maininnan sääntö". Se on teologinen periaate, jonka mukaan opillinen ennakkopäätös löydetään palaamalla siihen, missä asia on ensimmäisen kerran mainittu Raamatussa. Mitä lähempää alkua se löytyy, sitä suurempi auktoriteetti sillä on. Sen vuoksi näemme Jumalan tarkoituksen ilmaistuna hyvin selvästi Ensimmäisessä Mooseksen kirjassa. Heti Raamatun ensimmäisen kirjan ensimmäisestä luvusta näemme, että Jumala on antanut auktoriteetin omalle kuvalleen ja siten tehnyt asiassa ennakkopäätöksen. Valitettavasti tämä on hämärtynyt vuosisatoja kestäneen misogynian (naisiin ja feminiinisyyteen kohdistuvan vihan) takia. Näemme kuitenkin yhä enenevässä määrin, kuinka Jumala kääntää tätä kehityssuuntaa ja antaa ilmestystä paljastaakseen vihollisen valheet.

Näiden ensimmäisten perustavien lausuntojeni taustalla on vielä yksi tärkeä tekijä. Käyttäessäni sanoja "miespuolinen" ja "naispuolinen" en ensi sijassa puhu biologisista ja seksuaalisista ominaisuuksista. Maskuliinisuus ja feminiinisyys ovat paljon syvällisempiä asioita kuin biologiset seikat ja ylittävät niiden rajat. Tämä käy selvemmäksi luettuasi tämän luvun kokonaisuudessaan. Haluan korostaa sitä, että "maskuliinisuus" ja "feminiinisyys" on paljon suurempi todellisuus kuin miehen ja naisen seksuaalisuus, joka on vain osa tätä todellisuutta. Kuten C. S.

2 | Jumalan kuvan ennalleenasettaminen

Lewis on sanonut: "Sukupuolisuus on todellisuutta. Se on vielä syvempää todellisuutta kuin seksuaalisuus."[4] Meissä tulee ilmi paljon suurempi Jumalan todellisuus kuin pelkät fyysiset ominaispiirteemme. Tämä todellisuus ilmenee meissä kaikissa — meidän hengessämme, sielussamme ja ruumiissamme. Jumalan kuvaa voidaan siis havainnollistaa tarkemmin termeillä "maskuliinisuus" ja "feminiinisyys".

Meissä kaikissa on sekä Jumalan maskuliinisuutta että Jumalan feminiinisyyttä, ja se juuri tekee meistä hänen kaltaisiaan. Olemme ihmisiä siksi, että meissä on sekä maskuliinisuutta että feminiinisyyttä. Yleensä naispuolisilla on enemmän Jumalan feminiinisyyttä, miespuolisilla taas enemmän Jumalan maskuliinisuutta. Haluan kuitenkin välttää liian perinteisiä tai stereotyyppisiä lausuntoja. Maskuliinisen ja feminiinisen tasapainoa kussakin ihmisessä ei voi helposti määritellä eikä lokeroida. Jokainen ihminen on Jumalan luoma ja jokaisella on ainutlaatuinen tasapaino maskuliinisuuden ja feminiinisyyden suhteen. Liian tiukkojen määritelmien antaminen siitä, millainen miehen tai naisen tulisi olla, voi estää meitä arvostamasta Jumalan ainutlaatuista luomistyötä jokaisen lapsensa kohdalla.[5]

---

4. C. S. Lewis jatkaa kirjassaan *Perelandra* (*Matka Venukseen*, suom. Matti Kannosto, s. 242): "Seksuaalisuus on itse asiassa pelkkä orgaanisen elämän tapa sopeutua perustavampaan vastakohtaisuuteen, joka jakaa kaikki luodut olennot. Naispuolinen seksuaalisuus on vain yksi niistä asioista, jotka ovat suvultaan feminiinisiä; on olemassa paljon muitakin, ja maskuliininen ja feminiininen tulevat vastaamme sellaisillakin olemassaolon tasoilla, joilla jako miehiseen ja naiselliseen olisi jo täysin mieletön. Maskuliininen ei ole mitään laimentunutta urospuolisuutta, eikä feminiininen sen paremmin laimentunutta naaraspuolisuutta. Päinvastoin, orgaanisten olentojen uros- ja naaraspuolisuus on vain heikkoa maskuliinisen ja feminiinisen heijastusta. Orgaanisten olentojen lisääntymistoiminnot samoin kuin niiden pituus- ja kokoerot sekä kuvastavat että myös sotkevat ja kuvastavat väärin todellisuuden pohjimmaista kahtiajakoa." C. S. Lewisin kirjan kyseisessä luvussa huomattava osa on omistettu maskuliinisuuden ja feminiinisyyden käsitteelle.

5. Tunnettu sveitsiläinen lääkäri ja kirjailija Paul Tournier on sanonut: "(- -) on ymmärretty, että maskuliinisuutta ja feminiinisyyttä on jokaisessa ihmisessä, olkoonpa hän mies tai nainen. On miehiä, joilla on herkkyyttä, ja

Tässä kaikki, mitä haluan sanoa tässä vaiheessa, koska kaikki selvenee, kun jatkat lukemista.

Olimmepa miehiä tai naisia, Jumala on pannut omaa maskuliinisuuttaan ja feminiinisyyttään meihin jokaiseen. Kun Jumala ilmaisee itsensä luomakunnassa, hän tekee sen luomalla miehen ja naisen. Näin hän osoittaa sekä maskuliinisuutensa että feminiinisyytensä. Haluan vielä toistaa: Jumala ei ole ainoastaan maskuliininen. Hän on maskuliininen *ja* feminiininen. On totta, että Jeesus oli mies, mutta haluan tässä korostaa nimenomaan sitä, että sekä maskuliinisuus että feminiinisyys ovat Jumalan ominaispiirteitä, ja tämä käy selvästi ilmi Ensimmäisestä Mooseksen kirjasta.

Ei olisi myöskään oikein väittää, että Jumalalla ei ole sukupuolta, että hän olisi niin sanotusti "sukupuoleton olento". On aivan totta, että Jumala on henki, mutta kyseinen kohta Ensimmäisessä Mooseksen kirjassa tekee selväksi, että Jumalan perimmäiseen olemukseen kuuluu sekä maskuliinisuus että feminiinisyys. Sen sijaan, että sanoisimme Jumalan olevan sukupuoleton, olisi ennemmin paikallaan sanoa, että Jumala ylittää sukupuolten rajat. Itse asiassa hänen jumalalliseen luontoonsa sisältyvät *kaikki* maskuliiniset ja feminiiniset piirteet.

Jotta ymmärtäisimme tämän, on tärkeää huomata, että luodessaan ihmisen Jumala ei luonut mitään, mikä ei ollut hänen kuvaansa. Mieti tätä hetken aikaa. Kun Jumala loi miehen ja naisen, oliko heissä ennen syntiinlankeemusta jotakin, mikä ei olisi ollut hänen kuvaansa? Ei! Ennen kuin käärme petti miehen ja naisen ja heidät ajettiin pois Eedenin puutarhasta, hei*ssä* ei ollut mitään, mikä ei olisi ollut ilmausta Jumalan kuvasta. Jumala antoi täysin tietoisesti

---

naisia, jotka ovat teknisesti lahjakkaita. Sukupuolet eivät täydennä toisiaan ainoastaan ulkoisesti vaan myös sisäisesti: nämä kaksi taipumusta ovat meissä kaikissa." *The Gift of Feeling*, John Knox Press, 1979.

omalle kuvalleen — sekä maskuliiniselle että feminiiniselle — käskyn hallita maata. Vastoin monien uskomusta tätä valtuutusta hallita maata ja ottaa se valtaansa ei annettu yksin miehelle. Sekä mies että nainen asetettiin yhdessä hallitsemaan luomakuntaa rakkauden auktoriteetilla. Monet teologit ja kirkkokunnat eivät ole nähneet Raamatusta, että naisilla on oikeus hallita miesten rinnalla. Tämä Ensimmäisen Mooseksen kirjan kohta tarttuu selkeästi ja täsmällisesti tähän väärinkäsitykseen ja paljastaa sen olevan perustavanlaatuisesti virheellinen.

Mitkä ovat maskuliinisuuden ja feminiinisyyden ominaispiirteet? Jos voimme saada käsityksen siitä, mitä ne ovat, voimme alkaa jonkin verran ymmärtää, millainen Jumalan kuva on. Ennen syntiinlankeemusta voimme nähdä täydellisen malliesimerkin siitä, millaisia miehen ja naisen oli tarkoitus olla Jumalan luodessa heidät. Jos katsomme senhetkistä kuvaa, se auttaa meitä saamaan käsityksen Jumalan luonteen todellisuudesta. Tarkastellessamme näitä maskuliinisuuden ja feminiinisyyden piirteitä kohdistan huomioni siihen, että ne kuuluvat vahvasti ja alkuperäisesti Jumalan luonteeseen. Muistakaamme myös, että olemme kaikki yksilöinä ainutlaatuinen sekoitus maskuliinisuutta ja feminiinisyyttä. Niinpä monet meistä voivat tunnistaa sekä maskuliinisia että feminiinisiä piirteitä käyttäytymisessämme ja suhteessamme toisiin ihmisiin.

Jumalan maskuliiniset piirteet

¤ Maskuliinisuutta voitaisiin kuvata Jumalan luonteen *"tekemisen"* puoleksi. Se on Jumalan aktiivinen, "liikkeelle lähtevä" puoli. "Herra lähtee liikkeelle soturin tavoin" (Jes. 42:13). Kun naiset "tekevät" tai "lähtevät liikkeelle" jne., he tekevät sen heissä olevasta maskuliinisuudesta käsin.

Unohdettu feminiinisyys

- Maskuliinisuus haluaa *"tietää"* asioista, saada informaatiota. Miehet ovat yleensä naisia kiinnostuneempia esimerkiksi auton moottorin koosta tai tietokoneen muistikapasiteetista.

- Maskuliinisuudessa on voima *panna alulle.* Naisetkin ovat aloitteellisia, mutta se on lähtöisin heidän maskuliinisesta puolestaan. C. S. Lewis on sanonut, että Jumala itse on niin maskuliininen, että koko luomakunta on feminiininen hänen edessään. Tämä johtuu siitä, että Jumala on suuri alullepanija, ja C. S. Lewisin mukaan juuri se tekee hänestä maskuliinisen. Hän on kaiken perimmäinen lähde. Meidän elämämme, olemassaolomme, pelastuksemme ja lunastuksemme — kaikki on saanut alkunsa hänestä.

- Maskuliinisuudessa on voima *puolustaa.* Maskuliinisuudessa on voima seistä totuuden ja oikeuden puolesta. Siinä on voima vihollisen hyökkäyksiä vastaan, jotka kohdistuvat siihen, mihin se uskoo ja mitä se pitää tärkeänä.

- Maskuliinisuus on *"suojelija".* Maskuliinisuudessa on voima pelastaa. Tämä on samankaltainen kuin edellinen kohta. Näemme tämän nuoressa Daavidissa, joka suojeli laumaansa leijonilta ja karhuilta (1. Sam. 17:34–37).

- Maskuliinisuus kykenee *antamaan muodon* asioille. Se kykenee tuomaan järjestystä sinne, missä on kaaosta.

- Maskuliinisuus *voittaa* vastoinkäymisten kohdatessa. Näemme tämän erityisesti Jeesuksessa, joka "kesti ristin kärsimykset" ja "syntisten ankaran vastustuksen" (Hepr. 12:2–3).

- Maskuliinisuus on *rehellinen ja lahjomaton.* Maskuliinisuus liittyy hyvin vahvasti *totuuteen* ja totuuden puolus-

2 | Jumalan kuvan ennalleenasettaminen

tamiseen. Maskuliinisuudessa on voima puhua ja seistä totuuden puolesta.

¤ Maskuliinisuudessa on voima *suorittaa loppuun* ja *saada valmiiksi* alkamansa työ. Näemme tämän Jeesuksen elämässä: hän saattoi päätökseen työn, jonka Isä oli antanut hänelle tehtäväksi (Joh. 17:4). Apostoli Paavali sanoi: "Olen kilpaillut hyvän kilpailun, olen juossut perille ja säilyttänyt uskoni" (2. Tim. 4:7).

¤ Maskuliinisuudessa on voima *olla sitoutunut*. Luukkaan evankeliumin 9. luvun jakeessa 51 sanotaan joissakin käännöksissä, että Jeesus teki kasvonsa *koviksi kuin piikivi* mennäkseen Jerusalemiin.

¤ Maskuliinisuus liittyy *"päähän"*, feminiinisyys puolestaan sydämeen, ja molemmat ovat välttämättömiä elämän ylläpitämiseen.

¤ Maskuliininen tapa oppia ja tietää on erilainen kuin feminiininen tietäminen. Maskuliinisuudelle tyypillinen tapa on *rationaalinen, havainnoiva, looginen* ja *suoraviivainen*. Maskuliinisuus haluaa kyetä todistamaan väitteen ehdottomasti tekemällä havaintoja, keräämällä aineistoa ja todisteita ja testaamalla.

Ajattelen aina maskuliinisuuden olevan ikään kuin suora viiva. Se on vahva, keskittynyt, se on "siellä jossakin". Se menee "kauemmas".

Jumalan feminiiniset piirteet

¤ Feminiinisyys on Jumalan luonteen *"olemisen"* puoli. Jumala on levossa ja kykenee pelkästään "olemaan". Psalmi 46:10 sanoo (engl. NIV-käännöksen mukaan): "Olkaa hiljaa ja tietäkää, että minä olen Jumala." Feminiinisyys on levossa ja tyytyväinen itsessään. Tästä käsin feminiinisyydessä on voima tuoda lepoa toisille.

Kuningas Daavid sanoi: "... annoit minulle turvan äitini rinnoilla" (Ps. 22:9).

¤ Feminiinisyydessä on kyky *ottaa vastaan*. Tämä on ehkä feminiinisyyden perusominaisuus. Se toimii miehilläkin, muuten he eivät kykenisi ottamaan vastaan mitään Jumalalta. Naisilla tämä on kuitenkin paljon syvempää. Feminiinisyyden perusolemus on kyky ottaa vastaan. Nainen ottaa vastaan siemenen, mikä on edellytys sille, että lapsi voi kasvaa. Naisessa on jotakin, mikä kykenee ottamaan vastaan sellaisella tavalla, mihin mies ei pysty.

¤ Feminiinisyydessä on halu *tuntea* ja *tulla tunnetuksi suhteen kautta*. Tämä eroaa suuresti maskuliinisuudesta, joka haluaa "tietää jostakin" ja havainnoida jotakin. Tämä näkyy esimerkiksi tyypillisessä miehen ja vaimon välisessä keskustelussa päivän päättyessä. Yleensä mies antaa minimimäärän informaatiota tosiasioista. Nainen on sitä vastoin kiinnostunut tosiasioiden takana olevista tunteista. Usein mies on haluton kysymään naiselta, millainen hänen päivänsä on ollut, koska naisen vastauksessa on "liikaa informaatiota"! Maskuliinisuus välittää informaatiota ja faktoja, feminiinisyys taas on empaattisempaa ja näkee toisen henkilön näkökulman.

¤ Feminiinisyys etsii *suhdetta ja yhteyttä itsensä ulkopuolelta*. Voin nähdä Jumalan sydämen tulevan esiin näissä luonteenpiirteissä. Hänen suurin halunsa on tuntea ja tulla tunnetuksi suhteen kautta. Koko Raamattu on kirjoitettu sitä tarkoitusta varten, että voisimme tuntea hänet ja että hän voisi ilmestyä meille. Jumalan sydän halajaa suuresti molemminpuolista tuntemista. Ihmisruumiissa sekä pää että sydän ovat aivan korvaamattomia. Emme voi elää jos jompikumpi puuttuu. Emme voi sanoa, että toinen olisi tärkeämpi kuin toinen, niillä on vain eri tehtävät.

¤ Feminiinisyys *antaa elämää* toisille. Lapsi saa ravintoa äidiltä. Olemme huomanneet, että silloin kun palvelutehtävässä oleva henkilö puhuu tai saarnaa sydämestään eikä vain päästä käsin, hän välittää elämää muille. Elämä välittyy, kun puhuja puhuu feminiinisen ymmärryksen kautta: lempeästi, empaattisesti ja myötätuntoisesti. Se on enemmän kuin pelkkää älyllisyyttä, loogisuutta ja tietoa. Hengen elämä voi virrata, kun puhuja puhuu sydämestään. Miehet, jotka ovat jumiutuneet maskuliinisuuteensa ja antaneet feminiinisyytensä jäädä toimimattomaksi, antavat tavallisesti vain informaatiota mutta eivät välitä elämää. Ihmisellä, joka välittää elämää, on toimiva feminiininen puoli. Koska feminiinisyys kaipaa yhteyttä suhteessa, se muodostaa elävän yhteyden kuulijan kanssa.

¤ Feminiinisyys *lohduttaa* eri tavalla kuin maskuliinisuus. Jumala sanoo nimenomaan: "Niin kuin *äiti* lohduttaa lastaan, niin minä teitä lohdutan" (Jes. 66:13). Äidin antama lohdutus ympäröi ja tulee avuksi, kun taas isä rohkaisee pienokaista nousemaan jaloilleen ja palaamaan taas leikin tohinaan. Jos lapsi kaatuu ja raapaisee esimerkiksi polvensa, hän juoksee yleensä vaistomaisesti isän ohi suoraan äidin syliin saamaan häneltä äidillistä lohdutusta.

¤ Feminiinisyydessä on kyky ja voima *hoivata*. Tämä liittyy läheisesti elämän antamiseen. Voimme nähdä tämän selvästi esimerkiksi vastasyntyneen imettämisessä, jolloin äiti ylläpitää uutta elämää kohdun ulkopuolella oman ruumiinsa kautta. Hoivaaminen ylläpitää elämää. Isä haluaa huolehtia lapsensa elatuksesta, äiti taas hoivata ja rikastaa lapsen elämää, parantaa elämän laatua. Lapsen kasvaessa ja kehittyessä myös isä tietenkin tekee näin.

¤ Feminiinisyyden luonteenpiirteitä ovat *luovuus* ja *viisaus.* Itse asiassa Raamatussa viisautta kuvataan feminiiniseksi (Sananl. 8:1–3, vrt. engl. käännös).

¤ Tyypillinen feminiininen tapa oppia ja tietää on *intuitiivinen* havaitseminen — hyvin erilainen kuin maskuliininen tapa. Naisella intuitio toimii usein ihmissuhteissa. Jossakin henkilössä saattaa esimerkiksi olla jotakin, mihin hän ei kerta kaikkiaan voi luottaa. Hän ei pysty selittämään asiaa. Feminiininen intuitio saa hänet yksinkertaisesti epäilemään kyseisen henkilön luotettavuutta. Kyky ottaa vastaan ilmestystä on feminiininen piirre, sekä miehillä että naisilla.

¤ Feminiinisyys antaa tunteen, että *kuulumme* johonkin. Päinvastoin kuin maskuliinisuus (joka on suora viiva — se lähtee liikkeelle, menee eteenpäin ja valloittaa) feminiinisyys on pikemminkin ympyrä. Feminiinisyys on elämän kehä, joka sulkee sisäänsä ihmissuhteet, lohdutuksen, luovuuden, viisauden, hoivaamisen ja paljon muuta. Jos maskuliinisuudessa on kyse "päästä", niin feminiinisyys liittyy "sydämeen". Molemmat ovat yhtä arvokkaita ja tärkeitä ja yhtä välttämättömiä elämälle.

Nämä eivät suinkaan ole tyhjentäviä luetteloita, mutta ne auttavat ymmärtämään Jumalasta lähtöisin olevia maskuliinisuuden ja feminiinisyyden piirteitä. Lukiessamme näitä luetteloita huomaamme selvemmin, että sekä maskuliinisuuden että feminiinisyyden pitää toimia meissä. Koska sydäntä ei arvosteta, miehet ovat usein taipuvaisia tukahduttamaan sydämensä ja elämään "päästä" käsin. Monille miehille on sanottu jo pikkupojasta lähtien, että tunteiden näyttäminen on "tyttömäistä". Sen takia maskuliinisuus pyrkii elämään mielen kautta ja olemaan tarpeettoman älyllinen. Miehillä sydän on usein painettu alas, koska heidän Jumalalta saamansa feminiinisyys on tukahdutettu. Monilla miehillä ei ole minkäänlaisia sanoja ilmaista tunteitaan. Kun tukahdutettu feminiinisyys pääsee vapautumaan, yhteys sydämeen palautuu ennalleen. Kuningas Daavid on loistava esimerkki miehestä, jolla sekä maskuliininen että feminiininen puoli toimivat vahvasti.

Kaiken edellä olevan voisi tiivistää seuraavasti: Jumala on tarkoittanut maskuliinisuuden olevan *auktoriteetti, joka hoivaa*, ja feminiinisyyden olevan *hoivaa, jossu on auktoriteetti*.[6]

Jeesus on täydellinen esimerkki tästä. Jeesuksen kaltaiseksi tuleminen ei kuitenkaan tee minusta naisena enemmän maskuliinista, eikä Jeesuksen kaltaiseksi tuleminen tarkoita miehille oman maskuliinisuutensa tukahduttamista tai kieltämistä. Niin maskuliinisuudessa kuin feminiinisyydessäkin on lujuutta ja arvokkuutta. Sananlaskujen kirjan 31. luvun nainen on puettu "voimalla ja arvokkuudella" (Sananl. 31:25, engl. NIV-käännös). Tämä raamatunkohta on hieno esimerkki siitä, millainen aidon feminiinisyyden on tarkoitus olla. Myös Laulujen laulussa voi löytää monia esimerkkejä aidon feminiinisyyden ja aidon maskuliinisuuden piirteistä rakastavaisten suhteessa toisiinsa.

Olen maininnut joitakin maskuliinisia ja feminiinisiä piirteitä, jotka ovat nähtävissä ennen kaikkea Jumalassa. On sanomattakin selvää, ettei tässä ole kaikki, mutta se auttaa meitä jonkin verran ymmärtämään tätä totuutta. Lyhyesti sanoen maskuliinisuutta voi verrata suoraan viivaan: se kulkee eteenpäin, määrittää ja rajaa. Feminiinisyys taas muistuttaa ennemmin ympyrää: se sulkee sisäänsä, suojaa, ympäröi ja lohduttaa. Nämä kuvaukset antavat meille jon-

---

6. Clay McLeanin mukaan.

kinlaisen käsityksen maskuliinisuuden ja feminiinisyyden olemuksesta Jumalan luonteessa ja persoonassa.

En osaa ilmaista asiaa paremmin kuin C. S. Lewis, joka kuvaa maskuliinisuuden olemusta seuraavasti:

... *[Maskuliinisuus] näytti hänestä siltä kuin se olisi seissyt aseissa oman kaukaisen ja muinaisen maailmansa muurilla, alati valppaana, katse koko ajan tähyillen Maan suuntaan, mistä vaara oli kauan sitten häntä uhannut. "Merimiehen katse (– –) silmät joihin etäisyys on painanut merkkinsä."*

Feminiinisyydestä C. S. Lewis puhuu sen sijaan näin:

... *mutta [feminiinisyyden] silmät näyttivät avautuvan sisäänpäin, niin kuin ne olisivat olleet verhoinen portti aaltojen ja muminoiden ja vaeltavien ilmavirtojen maailmaan, elämään joka keinahteli tuulessa ja loiski sammaleisille kiville ja laskeutui kasteena ja kohosi kohti aurinkoa hienokudoksisena, herkkänä usvana.*[7]

Tarkastelen seuraavaksi Ensimmäisen Mooseksen kirjan kolmatta lukua, jossa kerrotaan ihmiskunnan lankeemuksesta. Huomaa, *ettei* Jumala kironnut miestä ja naista. Hän kirosi käärmeen, ja hän kirosi maan. Mutta puhuessaan naiselle ja miehelle hän kuvaili, millaista heidän elämänsä tästä lähtien olisi Eedenin puutarhan ulkopuolella. Monet Raamatun selittäjät ja teologit ovat pitäneet Jumalan sanoja Ensimmäisen Mooseksen kirjan kolmannen luvun jakeissa 16–19 suoranaisena miehen ja naisen kiroamisena. Mutta uskoakseni nämä sanat tulee ymmärtää ennemmin kuvauksena kuin määräyksenä. Toisin sanoen, ne kuvaavat niitä vääjäämättömiä seurauksia, joita hyvän ja pahan tiedon puun hedelmän syömisestä koituisi. Synnin seurauksena he olivat joutuneet eroon itse elämän lähteestä — Isästä — joten nyt (Leanne Paynen sanoja käyttääkseni) näkyisi "särkynyt

---

[7]. C. S. Lewis: *Perelandra* (*Matka Venukseen*, suom. Matti Kannosto, s. 242).

kuva" siitä, millainen Jumala todellisuudessa oli. Saatana oli onnistunut (ainakin väliaikaisesti) vääristämään Jumalan kuvan, joka ennen oli heijastunut virheettömänä miehen ja naisen harmonisesta ykseydestä. Jumalan alkuperäinen tarkoitus — että hänen kuvansa heijastaisi häntä (sekä hänen maskuliinisia että feminiinisiä piirteitään) — oli nyt häiriintynyt syntiinlankeemuksen seurauksena.

Ensimmäisen Mooseksen kirjan viidennen luvun alkujakeissa sanotaan: "Luodessaan ihmisen Jumala teki hänet kaltaisekseen. Hän loi ihmisen micheksi ja naiseksi. Ja hän siunasi heidät ja antoi heille nimeksi ihminen silloin kun heidät luotiin." Sana, jota tässä on käytetty ihmisestä, on heprean sana *adam*. Teksti jatkuu seuraavasti: "Kun Aadam oli elänyt 130 vuotta, hänelle syntyi poika, joka oli hänen näköisensä, hänen kaltaisensa..." Tästä jakeesta saamme lisätodisteita sille, että Jumalan kuva oli poistumassa. Ihminen (*adam*), joka oli alun perin luotu Jumalan kuvaksi ja kaltaiseksi, mieheksi ja naiseksi, oli nyt synnyttänyt oman pojan, Setin, joka oli *hänen* kuvansa. Voisimme sanoa, että tästä lähtien "lapsi tulisi vanhempiinsa": Aadamin ja Eevan lapsi oli heidän kuvansa heidän langenneessa tilassaan, eikä enää Jumalan kuva.[8]

Jumala sanoi naiselle, mitä seurauksia hyvän ja pahan tiedon puusta syöminen toisi tullessaan: "Minä teen suuriksi sinun raskautesi vaivat, ja kivulla sinä olet synnyttävä lapsesi. Kuitenkin tunnet halua mieheesi, ja hän pitää sinua vallassaan." (1. Moos. 3:16)

Jumala sanoo tässä, että syntiinlankeemuksen seurauksena miessukupuoli ei olisi enää kosketuksissa Jumalan

---

8. On mielenkiintoista, että Raamattu ei puhu samoin sanoin Kainista ja Aabelista vaan ainoastaan Setistä. Voisiko se johtua siitä, että "Jumalan kuva" ei lakannut olemasta välittömästi heidän lähdettyään Edenistä, vaan se tapahtui vähitellen? Tämä antaa ajattelemisen aihetta.

sydämeen. Mies ei myöskään olisi kosketuksissa omaan inhimilliseen sydämeensä. Hänellä ei olisi enää yhteyttä häneen, joka on kaiken lähde. Jumala oli antanut ihmiselle vallan hallita, mutta nyt Jumala sanoi naiselle, että valta hallita luomakuntaa oli menetetty ja tilalle oli tullut ylivalta. Luomakunnan hallitseminen on mahdollista vain, jos sydän on rakastava ja hoivaava. Kun sydän ei ole yhteydessä alkuperäiseen lähteeseen, tilalle on tullut itsekeskeinen ylivalta. Siinä on kyse vallankäytöstä; se ei ole kiinnostunut toisista vaan ainoastaan omista eduistaan ja itsensä korostamisesta.

Valta hallita annettiin Jumalan kuvalle, koska feminiininen puoli tässä kuvassa toi siihen "sydämen". Jos feminiinisyys otetaan pois, hoivaava ja rakastava sydän on poissa, eikä luomakunnan hallitseminen ole enää mahdollista. Sydämestään irroitettu maskuliinisuus nousee esiin ja ottaa ylivallan. Kontrolliin ja voimaan perustuva ylivalta syrjäyttää rakastavan hallitsemisen.

"Tunnet halua mieheesi" (1. Moos. 3:16). Feminiininen piirre, halu tuntea ja olla tunnettu suhteessa toiseen, halu olla yhteydessä sydämen tasolla, oli nyt estynyt.

Kaikkina vuosinani sielunhoitotyössä eniten huomiotani kiinnittänyt seikka on ollut syvä ja alkukantainen yksinäisyys, jonka juuret ovat syntiinlankeemuksessa. Ihmissydämen yhteys Jumalan sydämeen on katkennut, ja tämä koskee sekä miehiä että naisia. Aikaisemmin yksinäisyys oli erityisenä opetusaiheenani Isän sydän -kouluissa ja -konferensseissa. En kuitenkaan enää tee sitä, koska olen huomannut, että konferenssit ja koulut ovat täysin sopimaton ympäristö tämän aiheen opettamiseen. Kun henkilö todella joutuu kosketuksiin sydämessään olevan syvän yksinäisyyden kanssa, se aiheuttaa sellaista kipua, jota ei voi käsitellä julkisesti. Ihmissydämessä on valtava yksinäisyyden kuilu, joka johtuu yhteyden katkeamisesta alkuperäiseen lähteeseen. Yhteys Isään on katkennut, ja sen seurauksena meillä ei ole kykyä olla yhteydessä sydämestä sydämeen.

Sanoessaan naiselle, että tämä tuntisi halua mieheensä, Jumala tarkoitti, että nainen etsii ja kaipaa syvällistä yhteyttä. Mies ei kuitenkaan kykenisi olemaan yhteydessä sydämen tasolla, koska yhteys jumalalliseen lähteeseen oli katkennut. Nainen kaipaisi yhteyttä sellaisella tasolla, joka oli nyt tukahdutettu ja luoksepääsemätön, koska mies oli syvästi eristyksissä omasta sydämestään. Olemme nähneet tätä paljon avioliitoissa ja ihmissuhteissa. Naisen ongelma on usein se, että hän haluaa syvää yhteyttä, mutta ilmaisee sen epäterveellä tavalla. Hän yrittää saada yhteyttä oman langenneisuutensa kautta, sen sijaan että vastaanottaisi identiteettinsä Isältä. Alusta alkaen meidän on ollut tarkoitus saada identiteettimme Isältä hänen rakkaina poikinaan ja tyttärinään. Langennut feminiinisyys sen sijaan koettaa saada identiteettinsä ihmissuhteista. Naisen identiteetti muodostuu usein pelkästään sen perusteella, millaisia ihmissuhteita hänellä on: poikaystävä, aviomies, ystävät tai jopa omat lapset. Langennut feminiinisyys ei etsi identiteettiään Isästä, vaan yrittää saada sen inhimillisistä suhteista.

"Hän pitää sinua vallassaan." Syntiinlankeemuksen jälkeen mies nousi langenneessa maskuliinisuudessaan ja otti ylivallan samanarvoisuuteen perustuvan yhteisen hallintavallan sijaan. Valitettavasti kristikunnassa tätä lausetta "hän pitää sinua vallassaan" on pidetty jumalallisena käskynä. Se on tulkittu mieluummin määräykseksi kuin kuvaukseksi siitä, mitä vääjäämättä tapahtuisi. Monet kirkkoisistä nykyteologeihin ja kirkollisiin johtajiin ovat tulkinneet nämä sanat väärin, aivan kuin ne olisivat jonkinlainen Jumalan antama ennakkopäätös siitä, että miesten pitäisi hallita naisia. Todellisuudessa Jumala antoi ikään kuin ennakkovaroituksen: miehen langettua syntiin ja tultua itsekeskeiseksi hän pyrkisi tästedes käyttämään ylivaltaa muihin eikä enää olisi Jumalaan ja toisiin ihmisiin keskittyvä olento.

Ihana tosiasia on se, että Jeesus on noussut tätä taipumusta vastaan ja kääntänyt suunnan päinvastaiseksi. Apostoli Paavali puhuu tästä Efesolaiskirjeen 5. luvun jakeissa 25–29 kehottaessaan seuraavin sanoin:

> *Miehet, rakastakaa vaimoanne niin kuin Kristuskin rakasti seurakuntaa ja antoi henkensä sen puolesta pyhittääkseen sen. Hän pesi sen puhtaaksi vedellä ja sanalla voidakseen asettaa sen eteensä kirkkaana, pyhänä ja moitteettomana, vailla tahraa, ryppyä tai virhettä. Samoin aviomiehenkin velvollisuus on rakastaa vaimoaan niin kuin omaa ruumistaan. Joka rakastaa vaimoaan, rakastaa itseään. Eihän kukaan vihaa omaa ruumistaan, vaan jokainen ravitsee ja vaalii sitä. Juuri niin hoitaa Kristuskin seurakuntaansa...*

Jeesus oli "toinen Aadam" ja palautti ennalleen alkuperäisen suunnitelman. Hän osoitti, kuinka miehen tulee rakastaa vaimoaan antamalla elämänsä hänen puolestaan ja suhtautumalla häneen samoin kuin Kristus seurakuntaansa. Jeesus teki tämän selväksi, kun fariseukset koettelivat häntä kysymyksellään avioerosta. Avioero oli Jeesuksen aikana rabbien kiivaan väittelyn aihe.[9] Näyttää siltä, että Jeesusta painostettiin ottamaan asiaan tietty kanta, mutta sen sijaan Jeesus palasi alkuun ja Jumalan alkuperäiseen tarkoitukseen:

> *Hän vastasi heille: "Ettekö ole lukeneet, että Luoja alun perin teki ihmisen mieheksi ja naiseksi?" Ja hän jatkoi: "Sen tähden mies jättää isänsä ja äitinsä ja liittyy*

---

9. Kaksi sen ajan johtavaa rabbia, Shammai ja Hillel, olivat vastakkaisten koulukuntien perustajia, joilla oli hyvin erilaiset mielipiteet muun muassa avioerosta. Tämä oli mitä todennäköisimmin tausta sille, että Jeesukselta mentiin kysymään asiaa.

2 | Jumalan kuvan ennalleenasettaminen

vaimoonsa, niin että nämä kaksi tulevat yhdeksi lihaksi. He eivät siis enää ole kaksi, he ovat yksi. Ja minkä Jumala on yhdistänyt, sitä älköön ihminen erottako." (Matt. 19:4–6)

Jeesus jatkoi sanomalla, että Mooses salli avioeron tietyissä olosuhteissa: *Teidän sydämenne kovuuden tähden Mooses salli teidän hyljätä vaimonne, mutta alusta ei niin ollut (Matt. 19:8).* Sydämen kovuus oli rikkonut alun perin vallinneen sopusoinnun. Jeesus palautti kuitenkin ennalleen sen, mikä oli "alussa": Jumalan alkuperäisen mallin ihmissuhteille.

Langenneen feminiinisyyden piirteitä

Olen havainnut *neljä pääasiallista tapaa*, miten langennut feminiinisyys ilmenee ja miten se reagoi miehiseen ylivaltaan.

¤ Ensinnäkin se nousee kapinoimaan langenneen maskuliinisuuden keinoin ja alkaa määräillä ja kontrolloida. Se kapinoi sanoen: "Sinä *et* määräile minua! Itse asiassa minä määräilen sinua!" Tästä on seurauksena "vahva nainen", jota kaikki pelkäävät ja joka voi olla hyvin häikäilemätön. Hän on menettänyt kosketuksen omaan feminiinisyyteensä ja elää nyt langenneen maskuliinisuuden määräilevän roolin mukaisesti.

¤ Toinen tapa, jolla langennut feminiinisyys reagoi, on tulla äärimmäisen heikoksi, niin ettei jäljellä ole ainuttakaan maskuliinisuuden hyvistä piirteistä. Tällainen henkilö ei pysty tekemään päätöksiä ja on alituiseen riippuvainen muista. Hän on langenneella tavalla heikko — voisimme sanoa "selkärangaton". Hän imee elämän läheisiltään sen sijaan, että olisi itse elämän antaja. Hän imee elämän perheeltään tai keneltä hyvänsä ympärillään olevalta sen sijaan, että hänellä olisi omaa elämää, joka voisi virrata toisille.

Hän käyttää sanontoja kuten "voi minua raukkaa", "en osaa tehdä tätä" tai "minulle ei anneta mitään". Hän on hyvin voimaton olento. Tätä ilmenee myös miehissä, jotka voivat tulla äärettömän passiivisiksi: langennut feminiinisyys on saanut miehessä etusijan ja ottanut ylivallan kaikesta maskuliinisuudesta. Langenneisuus ilmenee tässä tapauksessa passiivisena ja piittaamattomana mielenlaatuna, uhrikompleksina. Ainainen tappiomieliala ja kielteisyys ovat korvanneet maskuliiniset piirteet, kuten kyvyn tehdä päätöksiä ja puolustaa totuutta, oikeutta ja "hyvää". Mieleeni tuleva raamatullinen esimerkki tästä on mies Betesdan altaalla (Joh. 5:1–15). Tämä mies oli kyvyttömyytensä vanki eikä päässyt liikkumaan altaaseen, kun enkeli pani veden kuohumaan. Hänen oma tappiomielialansa ja kielteisyytensä tuntuivat olevan esteenä. "Herra, minulla ei ole ketään, joka auttaisi minut altaaseen, kun vesi kuohahtaa. Aina kun yritän sinne, joku toinen ehtii ennen minua." Jeesus esitti hänelle paljonpuhuvan kysymyksen: *"Tahdotko* tulla terveeksi?" Jeesus antoi tarkoituksellisesti haasteen hänen passiiviselle ajattelutavalleen. Jotta tulisit terveeksi, sinun on noustava maskuliinisuuteen sisältyvän hyvän voimalla: sinun täytyy tehdä päätös, siirtää katseesi pois ongelmastasi ja olla halukas toimimaan uskossa, kun otollinen tilaisuus tulee eteesi. Langennut feminiinisyys on klassinen manipuloija. Voimattomuutensa ja terveen maskuliinisuuden puutteen takia sen täytyy turvautua salakavaliin keinoihin ja manipulointiin saadakseen haluamansa.

¤ Kolmas tapa, jonka olen havainnut, on "viettely". Tässäkin on manipulointia, mutta se tapahtuu viettelyn avulla. Viettelijä viettelee seksuaalisesti, mutta tekee sen saadakseen ylivallan. Hän käyttää valtaansa miehiin viettelemällä heidät. Olen ollut paljon tekemisissä naisten kanssa, jotka ovat käyttäneet tätä pelkästään selviytymiskeinona. Näitä naisia kohdatessani olen harvoin tavannut ketään, joka olisi todella kunnioittanut miehiä. Tämä on itsevihaa, joka purkautuu vihaksi miehiä kohtaan ja yrittää todistaa itselleen, että kaikki (he itse mukaan luettuina) ovat läpeensä turmeltuneita. Tässä asetelmassa kukaan ei voi hyvin. Näemme selkeän kuvauksen tämäntyyppisestä naisesta Sananlaskujen kirjassa (Sananl. 7 ja 9:15–18).

◻ Neljäs havaitsemani vastaus miehiseen ylivaltaan on miesten ja kaiken maskuliinisen täydellinen torjunta. Tämä on feminismin äärimmäinen muoto, joka ei näe koko olemassaolossa minkäänlaista paikkaa miehille. Usein tällainen suhtautuminen johtaa lesbouteen. Nainen on tullut niin syvästi miesten haavoittamaksi, että on päättänyt sulkea heidät kokonaan elämänsä ulkopuolelle ja siksi valita samaa sukupuolta olevan seksikumppanin. Jos hän haluaa saada lapsia, hän voi tehdä sen keinohedelmöityksen avulla. Tällaista suhtautumista on havaittavissa myös älymystön keskuudessa, kun esimerkiksi radikaali feministinen yliopistoprofessori on kieltänyt miesopiskelijoilta pääsyn luennoilleen. Tämä suhtautumistapa nousee sukupuolten yhdenvertaisuutta *vastaan* ja kannattaa ajatusta, että naisten pitää joka suhteessa hallita miehiä.

Sanomattakin on selvää, että tekemissäni havainnoissa on eri vivahteita ja monitahoisuutta. Ne osoittavat kuitenkin pääpiirteittäin, kuinka syntiinlankeemus on saanut feminiinisyyden vastaamaan langenneeseen maskuliinisuuteen.

Langenneen maskuliinisuuden piirteitä

Langennut maskuliinisuus toimii suureksi osaksi samoin kuin langennut feminiinisyys. Meissä kaikissa on sekä langennutta maskuliinisuutta että langennutta feminiinisyyttä, olimmepa miehiä tai naisia. Jumala puhui Aadamille sen jälkeen, kun hän oli puhunut Eevalle:

Ja miehelle hän sanoi: – Koska teit niin kuin vaimosi sanoi ja söit puusta, josta minä kielsin sinua syömästä, niin olkoon maa sinun takiasi kirottu. Kovalla työllä sinun on hankittava siitä elantosi niin kauan kuin elät. Maa kasvaa sinulle orjantappuraa ja ohdaketta, mutta sen kasveista joudut ottamaan ravintosi. Otsa hiessä sinun on hankittava leipäsi, kunnes tulet maaksi jälleen, sillä siitä sinut on otettu. Maan tomua sinä olet, maan tomuun sinä palaat. (1. Moos. 3:17–19)

Näin työ tuli kirotuksi. Langenneessa tilassaan mies pyrkii saavutuksiin ja haluaa saada identiteettinsä maasta — työstä. Langennut maskuliinisuus uurastaa ja tekee työtä otsa hiessä, koska se saa identiteettinsä siitä. Tätä esiintyy myös naisilla, mutta siitä huolimatta se on langenneen maskuliinisuuden piirre. Sekä miehet että naiset voivat tulla työnarkomaaneiksi, ja se on osoitus langenneesta maskuliinisuudesta, joka pyrkii kovalla puurtamisella ja omien kättensä töillä saavuttamaan päämääränsä.

Tästä johtuen maskuliinisuus ilmenee ylivaltana ja kovuutena. Ilman elintärkeää yhteyttä sydämeen kaikesta tulee kovaa, pakonomaista, karskia, tunteetonta ja äärimmäisen itsekeskeistä. Langennut maskuliinisuus voi olla uskomattoman jumiutunut itseensä jättäen kaikki toiset ulkopuolelle. Naisten tehtäväksi jää usein vain palvella miesten tarpeita ja päämääriä. Ihmissuhteet on alistettu hyödyttämään miehen tarpeiden tyydyttämistä tai niitä päämääriä, jotka hän haluaa saavuttaa. Langennut maskuliinisuus on sekä sydämetöntä että levotonta — se ei koskaan tyydy vain "olemaan", vaan se on aina "tekemässä" jotakin saadakseen identiteetin. Se on aggressiivista ja tukahduttaa tunteensa. Masennuksen tärkeimpiä syitä on joutuminen eroon omasta

2 | Jumalan kuvan ennalleenasettaminen

sydämestä. Frigiditeetin ja pornografian kaltaiset ongelmat ovat oireita yhteyden katkeamisesta sydämeen.

Nykypäivän seurakuntakulttuurissa on havaittavissa paljon langennutta maskuliinisuutta. Tämä näkyy selkeästi esimerkiksi siinä, että miehet täyttävät seurakuntien johtopaikat ja palveluvirat eikä naisten anneta toimia lahjojensa ja kutsumuksensa mukaisesti. Jotkin kirkkokunnat ovat menneet jopa niin pitkälle, että puolustavat miesten auktoriteettiasemaa *kaikkiin* naisiin nähden, ei ainoastaan omaan aviovaimoonsa! Monet lahjakkaat naiset, joilla on kiistatta ollut Jumalalta saatu kutsumus, ovat kärsineet tiettyjen raamatunkohtien väärästä tulkinnasta, jota on käytetty tukemaan langenneen maskuliinisuuden ennakkoluuloja. Hienovaraisempia esimerkkejä langenneesta maskuliinisuudesta on seurakuntaelämän tyylissä ja kulttuurissa. Seurakunta, joka on ylen määrin kiinni kaavoissa, järjestelmissä ja ohjelmissa tai joka on liian "päämääräkeskeinen", toimii suuressa määrin langenneen maskuliinisuuden tuottaman ennakkoasenteen pohjalta.

Todisteita Jumalan kuvasta kansakunnissa ja kulttuureissa

Rakastan erityisesti sitä, että ymmärtäessämme Jumalan kuvan sisältävän sekä maskuliinisen että feminiinisen puolen näemme todisteita siitä joka puolella. Suuren osan siitä, mitä nykyään havaitsen, näen "Jumalan kuvan" näkökulman kautta — maskuliinisuuden ja feminiinisyyden linssin läpi. Joitakin vuosia sitten aloin tajuta, että Jumala oli laittanut kuvansa maailman eri kulttuureihin. Minulle alkoi selvitä, että maskuliininen ja feminiininen kuva ei ollut vain yksittäisissä ihmisissä vaan myös kulttuureissa. On olemassa "maskuliinisia" kulttuureja, ja on myös olemassa "feminiinisiä" kulttuureja.

51

Mielestäni englantilainen, saksalainen ja hollantilainen kulttuuri ovat esimerkkejä maskuliinisesta kulttuurista. Nämä kulttuurit ovat olleet historiallisesti erittäin älyllisiä, tieteellisiä ja jäsentyneitä. Ne ovat olleet kansakuntia, jotka kautta historian ovat lähteneet liikkeelle ja valloittaneet. Sitävastoin kelttiläistä ja skandinaavista kulttuuria voidaan pitää feminiinisinä, samoin kuin suurinta osaa alkuperäiskulttuureista. Nämä kulttuurit ovat "ympyrämäisiä", maanläheisiä, perhe- tai heimokulttuureja. Silmiinpistävä esimerkki maskuliinisen ja feminiinen ajattelutavan vastakohtaisuudesta voisi olla kreikkalainen kulttuuri verrattuna heprealaiseen.

Oma kansakuntani, uusiseelantilaiset, on hieno esimerkki sekä maskuliinisesta että feminiinisestä kulttuurista. Rukoillessani kerran Uuden-Seelannin puolesta harvinaisen voimakas esirukouksen henki tuli ylleni maorien alkuperäiskansan ja eurooppalaista syntyperää olevan valtaväestön yhdistämiseksi. Kuulin aivan selvästi Herran sanovan minulle: "Sinun maasi vihitään avioliittoon" (Jes. 62:4, engl. NIV-käännös) — silloin maskuliininen ja feminiininen tulevat keskenään sopusointuun. Minulle selvisi äkkiä, että Uuden-Seelannin kohdalla maorit ovat kuin tämän maan äiti. Eurooppalaisten tullessa maorikansa, joka on loistava esimerkki feminiinisestä kulttuurista, oli jo täällä. Maorit ovat perhekeskeisiä, maanläheisiä, hyvin lämminhenkisiä ja vieraanvaraisia. He ovat myös sotaisa kansa, mutta heidän tapauksessaan se on feminiininen piirre, koska sen tarkoituksena on ensi sijassa puolustaa. On virhe ajatella, että feminiininen kulttuuri (tai feminiinisyys yleensäkään) olisi heikko. Jos haluat nähdä, millaista feminiininen voima on, mene seisomaan leijonaemon ja sen pentujen väliin! Yritäpä viedä karhunpentu sen emolta! Mikään ei vedä vertoja feminiiniselle raivokkuudelle, joka kumpuaa äidillisestä suojeluvaistosta. Monet feminiiniset

2 | Jumalan kuvan ennalleenasettaminen

kulttuurit ovat sotaisia, mutta ne eivät pyri rakentamaan omaa valtakuntaa. Feminiinisyys on sotaisaa, koska se vaistomaisesti puolustaa omiaan. Maskuliinisuus taas on sotaisaa, jotta se voisi laajentaa omaa hallintavaltaansa. Esimerkkejä feminiinisestä raivokkuudesta on nähtävissä valloitetuissa kulttuureissa. Alkuperäiskansat ovat nousseet puolustamaan itseään valloittajiaan vastaan. Langenneisuudesta johtuen feminiinisyys (niin yksilöiden kuin kulttuurienkin kohdalla) on kuitenkin yhä uudelleen omaksunut langenneen maskuliinisuuden tavat voidakseen hallita sortajiaan: "Te olette hallinneet meitä, nyt me käännymme hallitsemaan teitä!" Tämä edistää poliittista aktivismia ja jopa sissiliikkeiden kaltaista kapinointia ja terrorismia. Tällaiset reaktiot eivät ilmennä kansan todellista sydäntä, vaan ovat pikemminkin langenneisuuden ilmauksia, jotka nousevat loukkaamisesta ja hylkäämisestä. Haavoittunut feminiinisyys voi nousta kapinoimaan olemalla langenneella tavalla maskuliininen. Jumalan tarkoitus oli, että sekä maskuliiniset että feminiiniset kulttuurit voisivat olla sopusoinnussa toistensa kanssa. Hänen tarkoituksensa oli, että kansakunnat voisivat yhdessä, feminiinisyyden ja maskuliinisuuden aaltoliikkeen kautta, ilmaista hänen kirkkauttaan ja valtaansa maan päällä.

Monet ovat kääntäneet huomionsa pois tästä totuudesta ja keskittyneet vain oman maskuliinisuutensa tai feminiinisyytensä tasapainoon. Emme voi kuitenkaan muuttaa mitään omalla yrittämisellämme. Asian ydin on päästä pois langenneesta maskuliinisuudesta ja langenneesta feminiinisyydestä Kristuksen kaltaisuuteen. Kun tulemme yhä enemmän Jeesuksen kaltaisiksi, aito maskuliinisuuden ja feminiinisyyden tasapaino palautuu ennalleen kunkin yksilön kohdalla ainutlaatuisella tavalla, juuri niin kuin Jumala on sen suunnitellut.

3 | Sota Jumalan feminiinistä kuvaa vastaan

Silloin lohikäärme raivostui naiselle... — Ilm. 12:17 (engl. NIV-käännös)

Kuka hän on? Hän loistaa kuin aamurusko, hän on kaunis kuin kuu, sädehtivä kuin päivänpaiste, pelottava kuin sotajoukon viirit. — Laulujen laulu 6:10

Feminiinisyyttä vastaan on ollut käynnissä ikiaikainen sota, joka on jatkunut aina tähän päivään saakka. Kautta sukupolvien, sivilisaatioiden ja kulttuurien tätä "pitkää sotaa" on käyty Jumalan feminiinistä kuvaa vastaan, jotta seurakunta ei ikinä näkisi sitä voimaa ja valtaa, jonka Jumala, meidän Isämme, on meille antanut. Tämä aihe on hyvin lähellä sydäntäni. Siihen sisältyy erityisen henkilökohtainen osa omaa tarinaani, jota en pitkään aikaan kertonut ainoallekaan ihmiselle. Kutsuisin "maksitotuudeksi" sitä, mistä haluan kirjoittaa, koska se antaa ymmärrystä, joka ulottuu alusta aivan loppuun asti. Katsokaamme ensiksi alkua.

Ensimmäisen Mooseksen kirjan kolmannen luvun jakeista 1–3 luemme:

Käärme oli kavalin kaikista eläimistä, jotka Herra Jumala oli luonut. Se sanoi naiselle: "Onko Jumala todella sanonut: 'Te ette saa syödä mistään puutarhan puusta'?" Nainen vastasi käärmeelle: "Kyllä me saamme syödä puutarhan puiden hedelmiä. Vain siitä puusta, joka on keskellä paratiisia, Jumala on sanonut: 'Älkää syökö sen hedelmiä, älkää edes koskeko niihin, ettette kuolisi.'" Kuvittele mielessäsi tapahtumapaikka. Käärme ja nainen keskustelevat.

On tärkeä korostaa, ettei käärme ollut mikään tavallinen käärme. Monissa uskonnollisissa maalauksissa tämä Eedenin puutarhan tapahtuma on kuvattu siten, että Aadam ja Eeva seisovat puun alla ja puun ympärille kietoutunut käärme kuiskuttelee Eevan korvaan. Näin ei todellisuudessa tapahtunut. Saatana eli Lucifer oli "säteilevä". Heprean kielen sana, joka on käännetty sanalla "käärme", on *nachash*, ja se tulee sanasta, joka tarkoittaa 'säteillä'. Vasta kun Jumala kirosi käärmeen, sen oli madeltava vatsallaan ja syötävä maan tomua. Tästä olisi paljonkin sanottavaa, mutta se ei ole tämän kirjan päätarkoitus.

On todettava, että Eeva on saanut historian kuluessa paljon huonoa julkisuutta. Minä luen tätä kertomusta kuitenkin eri tavalla. Uskon, että Saatana ryhtyi tietoisesti pettämään naista. Ei se ilmestynyt naisen luo inhottavana olentona. Ei, vaan se *lumosi* naisen. Käärmeessä on täytynyt olla jotakin näennäisen viatonta ja alun perin viehättävää, jolla se pystyi voittamaan Eevan luottamuksen. Uskon, että se oli liehitellyt häntä jo jonkin aikaa ja saanut vähitellen rakennettua yhteyden hänen kanssaan. Nainen haluaa tuntea ja olla tunnettu suhteessa toiseen. "Säteilevä" tiesi sen. Se tunsi Jumalan ja oli ollut todistamassa luomistapahtumaa. Se tiesi liiankin hyvin, että voidakseen asettaa kyseenalaisiksi Jumalan sanat se ei voinut vain huolettomasti lähestyä olentoa, joka halusi syvää keskinäistä yhteyttä. Kuvittelen, että se tuli puutarhaan ja sanoi naiselle: "Eivätkö puut olekin kauniita tänä aamuna? Onpa sinulla ihania kukkia tuolla puiden siimeksessä." Se tiesi varsin hyvin, ettei nainen ottaisi suoralta kädeltä vastaan vieraan sanoja, ja siksi se pyrki säännöllisesti keskustelemaan hänen kanssaan — mutta tähän keskusteluun liittyi suunnitelma.

On toinenkin asia, joka tulee ymmärtää: tämä olento, Saatana, oli ollut olemassa jo ennen maan luomista, ja sillä oli valtavasti tietoa. Vaikka Saatana oli heitetty pois Jumalan luota, se tunsi kuitenkin Jumalan erittäin hyvin, ja sen suunnitelmana oli tärvellä ja lopulta tuhota Jumalan kuva. Jumalaa Saatana ei pystynyt tuhoamaan, mutta Jumalan kuvan se pystyisi. Se oli ajatellut tätä paljon ja tehnyt tarkkoja suunnitelmia. Uskon, että Saatanan suunnitelma oli päästä hyviin väleihin naisen kanssa ja saavuttaa lopulta hänen luottamuksensa. Arvelen, että ennen Raamatussa kerrottuja asioita oli jo tapahtunut paljon. Tekstin kerronta ja asiayhteys antavat ymmärtää tämän. Yleensä Raamattu kuitenkin kertoo meille vain sen, mitä meidän tarvitsee tietää, eikä aina mainitse yksityiskohtaisesti taustaan ja asiayhteyteen liittyviä seikkoja.

Niinpä nainen vastasi käärmeen kyselyyn (joka koski sitä, mitä Jumala todella oli sanonut), ja kuten tiedämme, nainen siteerasi väärin Jumalan sanoja. Naista on paljon parjattu tästä, mutta totuus on, ettei hän ollut edes paikalla Jumalan puhuessa nämä sanat. Jumala oli antanut kielto-määräyksen *miehelle*. Aadamin on täytynyt välittää vaimolleen viesti siitä, etteivät he saa syödä puusta. Naisella ei ollut ensi käden tietoa, vaan se oli toiselta saatua. Olen vakuuttunut, ettei hän päättänyt tietoisesti olla kavala tai tottelematon. Siitä huolimatta on totta, että hän siteerasi virheellisesti Jumalan sanoja.

Silloin käärme sanoi naiselle: "Ei, ette te kuole" (1. Moos. 3:4). Keskustellessani tutkijoiden kanssa he ovat todenneet, että sanaa "te" on tässä käytetty monikkomuodossa. Tämä

3 | Sota Jumalan feminiinistä kuvaa vastaan

paljastaa sen, että mies seisoi vaimonsa vierellä tämän keskustellessa käärmeen kanssa. On tärkeä huomata tämä, koska tiedämme Jumalan antaneen miehelle käskyn varjella puutarhaa. Se kuului luontaisesti hänen maskuliinisuuteensa, mutta siitä huolimatta hän ei lausunut sanaakaan. Aadam oli passiivinen käärmeen alkaessa viekoitella Eevaa ja vääristellä Jumalan sanoja. Hän ei tehnyt elettäkään korjatakseen Eevan virheelliset sanat.

Saatana lupasi naiselle, että syödessään puun hedelmää hän saisi ymmärrystä — hän tietäisi samalla tavoin kuin Jumala!

"Nainen näki nyt, että puun hedelmät olivat hyviä syödä ja että se oli kaunis katsella ja houkutteleva, koska se antoi ymmärrystä. Hän otti siitä hedelmän ja söi ja antoi myös miehelleen, joka oli hänen kanssaan, ja mieskin söi." (1. Moos. 3:6) Feminiinisyys haluaa hoivata, ja keskeistä siinä on halu tarjota ruokaa. Yksi tapa, jolla naiset hoivaavat perhettään, on valmistaa ja tarjota heille ruokaa. Se seikka, että puu oli myös kaunis katsella, vetosi feminiinisyyden myötäsyntyiseen kauneudentajuun.

Eeva näki, että se oli "houkutteleva, koska se antoi ymmärrystä ("viisautta", engl. NIV-käännös)". Viisaus liittyy Raamatussa aina vahvasti feminiinisyyteen. Kuten olemme todenneet, Sananlaskujen kirjassa viisaus itse asiassa henkilöityy naiseksi.

Voimme siis ymmärtää, että Eeva katseli jotakin sellaista, mikä vetosi voimakkaasti hänen feminiinisyyteensä. Juuri tähän kohtaan vihollinen suuntasi hyökkäyksensä. Se hyökkäsi tietoisesti ja tarkkaan harkiten hänen feminiinisyyttään vastaan.

Katsokaamme tätä taustaa vasten edelleen Ensimmäisen Mooseksen kirjan kuvausta. Jakeissa 14 ja 15 sanotaan:

Herra Jumala sanoi käärmeelle: – Koska tämän teit, olet kirottu. Toisin kuin muut eläimet, karja ja pedot, sinun on madeltava vatsallasi ja syötävä maan tomua niin kauan kuin elät. Ja minä panen vihan sinun ja naisen välille ja sinun sukusi ja hänen sukunsa välille: ihminen on iskevä sinun pääsi murskaksi, ja sinä olet iskevä häntä kantapäähän.

Ihmiskunnan suurimman epäonnistumisen hetkellä Jumala sanoi käärmeelle, ettei se saisi lopullista voittoa — Jumala lähettäisi pelastajan naisen suvusta murskaamaan käärmeen pään. Käärme iskisi häntä kantapäähän, mutta hän iskisi murskaksi käärmeen pään. Lukiessani kerran tätä kuvausta mieleeni juolahti jotakin, mitä en ollut koskaan aikaisemmin nähnyt. Nähdessäni sen tunsin ikään kuin tikarin viillon sydämessäni. Kun luin Jumalan sanat, että hän panisi vihan käärmeen ja naisen välille, olin järkyttynyt. Se todella mursi sydämeni.

Tästä syystä tunsin tikarin lävistäneen sydämeni. Tämä tapahtui aikana, jolloin James ja minä opettelimme tuntemaan Jumalaa Isänä ja olimme alkaneet uskoa, että Jumala oli todelliselta luonteeltaan rakastava taivaallinen Isä. Me kaikki näemme Isä Jumalan omien yksilöllisten kokemuksiemme linssien läpi, ja minun kokemukseni oli se, että minulla oli ollut rakastava isä. Olin isäni silmäterä, mutta ollessani 14-vuotias isä tuli eräänä päivänä luokseni ja sanoi, että hän oli lähdössä pois. Hän oli tavannut toisen naisen ja oli muuttamassa tämän naisen ja hänen kolmen tyttärensä luo asumaan. Isä vakuutti minulle, ettei hänen rakkautensa minua kohtaan ollut vähentynyt, mutta siitä huolimatta hän lähtisi ja muuttaisi toisen naisen luo. Hän pyysi minulta lupaa, suostuisinko siihen, että hän muuttaisi tämän naisen luo.

Halusin tietenkin isäni tyttärenä, että hän olisi onnellinen. Halusin olla aikuinen tässä tilanteessa, enkä ikinä

3 | Sota Jumalan feminiinistä kuvaa vastaan

pienessä sydämessäni uskonut, että isä todella jättäisi minut. Hän sanoi jatkuvasti: "Ei ole kyse siitä, etten rakastaisi sinua." Tämä oli siis taustalla oleva kuva, joka minulla oli Isä Jumalasta. Olin tyytyväinen Jeesuksen seurassa ja onnellinen siitä, että tunsin hänet ja rakastin häntä, nimenomaan siitä syystä, etten luottanut — enkä voinut luottaa — Isään. Oli ihan hyvä tietää, että Isä rakasti minua, mutta sillä ei oikeastaan ollut mitään merkitystä — koska se päivä tulisi vääjäämättä, jolloin hän sanoisi: "Denise, ei ole kyse siitä, etten rakastaisi sinua. Kyllä minä rakastan. Rakastan sinua syvästi, *mutta* et vain ole tarpeeksi hyvä päästäksesi sisään. Olen pahoillani. Rakastan sinua, mutta teidemme on erottava. Sinä ja minä emme voi olla yhdessä."

En ollut tietoisesti selvillä siitä, mitä oikeastaan tunsin, mutta näin *sydämeni* tunsi. Se oli este, joka pidätti minua tuntemasta Isää niin kuin hänet on tarkoitus tuntea. En voinut luottaa hänen rakkauteensa minua kohtaan. Tiesin, että se päivä oli varmasti tuleva, jolloin tiemme erkanisivat.

Lukiessani nämä sanat Ensimmäisestä Mooseksen kirjasta, että *Jumala* panisi vihan käärmeen ja naisen välille, sydämeni murtui. Näin, että ihmisen olemassaolon alusta lähtien Jumala oli pannut vihan Saatanan ja naisten välille. Aivan alusta alkaen käärme oli pantu kaikkea sitä vastaan, mikä on feminiinistä. Olin järkyttynyt. Aloin ajatella niitä kulttuureja ja sivilisaatioita ihmiskunnan historian aikana, joissa oli kiistatta ollut haitaksi olla nainen. Nopeasti minulle selvisi, että kaikkina aikoina ja lähes joka puolella maapalloa on ollut runsaasti todisteita naiseutta vastaan kohdistuvasta vihasta. Se on voinut näkyä hyökkäävänä miekkana naisia vastaan tai vastustuksen muurina, mutta tätä vihaa on ehdottomasti ollut olemassa.

Puhuessani sodasta feminiinisyyttä vastaan haluan todeta, että sitä käydään myös miehissä olevaa feminiinisyyttä vastaan. Kuten alkuluvussa esitin, Jumala on laittanut feminiinisyyttä myös miehiin, yhtä hyvin kuin naisiinkin. Aivan erityinen hyökkäys kohdistuu miehen luonteen tätä puolta vastaan. Kun puhun sodasta feminiinisyyttä vastaan, olen hyvin tarkka sanoessani, ettei hyökkäys ole lähtöisin ihmissuvusta. Sota feminiinisyyttä vastaan kohdistuu myös miehiin. Se on sydäntä vastaan käytävää sotaa. Sitä käydään kaikkea sitä vastaan, mikä herättää meissä rakkautta, mikä tekee meistä lempeitä, myötätuntoisia, luovia ja hoivaavia. Näitä luonteenpiirteitä on suuresti väheksytty länsimaiden kulttuurissa. Nykyään monet naiset länsimaissa pyrkivät tukahduttamaan feminiinisyytensä ja elämään maskuliinisuudestaan käsin. He haluavat kohota yrityksen arvojärjestyksessä, menestyä urallaan ja lykätä tai kokonaan hylätä äidiksi tulemisen ajatuksen. Ei ole epäilystäkään siitä, että kulttuurimme on voittopuolisesti maskuliininen. Vaikka naisten asema on parantunut dramaattisesti viimeisten sadan vuoden aikana, tasa-arvoa ei ole vieläkään saavutettu.

Haluan antaa joitakin tilastotietoja, jotka ovat silmiä avaavia mutta silti tosia. Ne ovat jokseenkin ajantasaisia, ja ne on saatu tuoreimmista tilasto- ja tutkimustiedoista. Niiden tarkoitus on vain vahvistaa todeksi sitä, mitä olen sanonut.

¤ YK:n arvioiden mukaan lähes 200 miljoonaa naista ja tyttöä on väestötieteellisesti "kadoksissa". Termi "kadoksissa" kätkee itse asiassa taakseen yhden hirvittävimmistä rikoksista ihmiskuntaa vastaan. Biologinen normi olisi 100 vastasyntynyttä tyttöä jokaista 103:a vastasyntynyttä poikaa kohti, ja sen perusteella keskuudessamme pitäisi elää miljoonia naisia enemmän. Jos heitä ei ole, he ovat "kadoksissa" siksi, että heidät on tapettu, tai siksi, että heitä on laiminlyöty ja kohdeltu kaltoin, ja nämä kuolemantapaukset on jätetty ilmoittamatta.[10]

---
10. Tieto on peräisin raportista *Women in an Insecure World: Violence Against*

3 | Sota Jumalan feminiinistä kuvaa vastaan

¤ 39 000 tyttöä kuolee joka vuosi Kiinassa, koska vanhemmat eivät anna heille samanlaista lääkinnällistä hoitoa ja huolenpitoa kuin pojille. Tämä koskee yksivuotiaita ja sitä nuorempia pikkulapsia.[11]

¤ Prostituutioon pakotettujen tai myytyjen naisten lukumäärän arvoidaan olevan 700 000:n ja 4 miljoonan välillä vuosittain. Heistä noin 120 000–500 000 myydään parittajille ja bordelleihin yksistään Euroopassa. Seksiorjamarkkinoiden voittojen arvioidaan olevan 7–12 miljardia Yhdysvaltain dollaria vuodessa.[12]

¤ Vuonna 2010 Intiassa raportoitiin 8 391 myötäjäisiin liittyvää kuolemantapausta. Tämä tarkoittaa, että joka 90:s minuutti yksi morsian tapettiin polttamalla, National Crime Records Bureau -järjestön hiljattain julkaiseman tilaston mukaan. Vuosikymmen aikaisemmin luku oli 6 995, mutta vuonna 2007 myötäjäiskuolemien määrä nousi 8 093:een.[13]

¤ 100–140 miljoonaa tyttöä ja naista kärsii naisen sukupuolielinten silpomisen seurauksista.[14] Käytäntö on laajalle levinnyt Afrikassa, ja sen tarkoituksena on

---

Women — Facts, Figures and Analysis vuodelta 2005, jonka ovat toimittaneet Marie Vlachova ja Lea Biason Geneven asevoimien siviilivalvontaa tukevalle keskukselle (Geneva Centre for the Democratic Control of Armed Forces). Siinä mainitaan edelleen, että tämä tilasto "antaa ymmärtää, että joka vuosi 1,5–3 miljoonaa tyttöä ja naista kuolee väkivaltaisesti sukupuolensa takia. Vastaavasti aidsiin kuolee 2,8 miljoonaa ja malariaan 1,27 miljoonaa. Vielä hirvittävämmin sanottuna: naisiin kohdistuva väkivalta aiheuttaa joka toinen tai joka neljäs vuosi yhtä suuren vuoren ruumiita kuin juutalaisten joukkomurha toisessa maailmansodassa."

11. Kristof, Nicholas D. & WuDunn, S.: *Half The Sky: How to Change the World,* Virago Press, 2010.

12. Edeltävässä viitteessä mainitun raportin mukaan. Siitä selviää lisäksi, että joissakin maissa, kuten Moldovassa, seksin laiton kauppa on saanut sellaiset mittasuhteet, että se uhkaa horjuttaa väestön tasapainoa.

13. Julkaistu *The Daily Telegraph* -lehdessä 27.2.2012. "Indian Dowry Deaths on the Rise" (Intian myötäjäiskuolemat nousussa).

14. UNICEF: *Female Genital Mutilation Cutting Factsheet* -tiedote.

muun muassa vähentää naisten uskottomuutta, vaikka muitakin myyttejä on kehittynyt oikeuttamaan tätä käytäntöä. Tämän seurauksena miljoonia tyttöjä vahingoitetaan joka vuosi, jotkut jopa kuolevat ja toisille aiheutuu vakavia tulehduksia. Tapa kukoistaa edelleen siitä huolimatta, että se on laitonta.

¤ Yhdysvalloissa on raportoitu lähes 90 000 raiskaustapausta vuonna 2008. Yhdysvaltain Bureau of Justice Statistics -viraston mukaan 91 % uhreista on naisia ja 9 % miehiä.

¤ Maailman terveysjärjestö arvioi, että maailmanlaajuisesti joka viides nainen joutuu raiskauksen tai raiskausyrityksen uhriksi elämänsä aikana.[15] Toisten tietojen mukaan Kanadassa, Uudessa-Seelannissa, Britanniassa ja Yhdysvalloissa vastaava luku on yksi nainen kuudesta.[16] Etelä-Afrikassa 17-vuotiaista tai sitä nuoremmista tytöistä peräti 40 prosentin on raportoitu joutuneen raiskauksen tai raiskausyrityksen uhriksi.[17] Maailmanlaajuisesti tämä merkitsee sitä, että uhrien lukumääräksi tulee ällistyttävät (ja kuitenkin varovaisesti arvioidut) 700 miljoonaa tyttöä ja naista.

¤ Konfliktit vaikuttavat naisiin aivan eri tavalla kuin miehiin. Seksuaalista väkivaltaa on käytetty sodankäynnin taktiikkana systemaattisesti ja tarkoituksellisesti kautta vuosisatojen. Sitä käytetään siiviliväestöä vastaan yhteiskuntarakenteen tuhoamiseksi, HI-viruksen tahalliseksi tartuttamiseksi uhreihin, pakkohedelmöityksesi ja yhteisöjen terrorisoimiseksi ja ajamiseksi maanpakoon. Ruandassa arvioidaan

---

15. WHO: *Violence Against Women Factsheet* No. 239, 2000.
16. UNDP: Human Development Report, 1995: *Gender and Human Development*, s. 7.
17. UN Habitat: *State of the World's Cities: Trends in Sub-Saharan Africa*, s. 4.

250 000–500 000 naisen tulleen raiskatuksi alle 100 päivän aikana vuoden 1994 kansanmurhassa, jossa surmattiin 800 000 ihmistä.[18]

Nämä tilastot ovat kauhistuttavaa luettavaa, mutta ne osoittavat selvästi, että naisia vastaan on käyty sotaa ja käydään edelleen kiivaasti tänäkin päivänä. Koko maailmassa naiset kärsivät eniten epäoikeudenmukaisuudesta työpaikoilla. Edellä mainitun, konfliktien vaikutuksesta naisiin kertovan YK:n raportin mukaan yli puolet maailman työssä käyvistä naisista on epävarmassa työpaikassa, työskentelee heikossa asemassa ja on vailla työlainsaadännön suojaa. Kehitysmaissa yli kolmasosa naisista on naimisissa ja synnyttänyt ennen 18:tta ikävuottaan ja menettänyt sen vuoksi mahdollisuuden saada koulutusta. Kehitysmaissa 15–19-vuotiaiden tyttöjen pääasialliset kuolinsyyt liittyvät suoraan raskauteen ja synnytykseen. Maailmanlaajuisesti valtaosa naisista on sen lainsäädännön ulkopuolella, joka koskee naisten oikeuksia työpaikalla.

Länsimainen kulttuurimme on luonut tilanteen, jossa usein sekä isä että äiti ovat poissa kotoa kummankin luodessa uraa. Tyttäreni Amanda, joka asuu Sydneyssä, on kokopäiväinen äiti, ja hän kertoi minulle, millaisia kysymyksiä muut naiset jatkuvasti esittävät hänelle. He kyselevät häneltä, mikä hänen ammattinsa on, ja hän vastaa heille:
"Olen kokopäiväinen äiti."
"Niin, mutta mitä sinä *varsinaisesti* teet?"
"Olen kotona pitämässä huolta lapsista."
"Mutta täytyyhän sinulla olla jokin työ!"
Ikään kuin kokopäiväisenä äitinä oleminen ei antaisi Amandalle riittävää arvoa ihmisenä. Toisin sanoen, ellet luo menestyksekästä uraa, et elä täyttä elämää. Monia arvoja

---

18. Yhdistyneiden kansakuntien tasa-arvojärjestön (United Nations Entity for Gender Equality and the Empowerment of Women) raportista *In Pursuit of Justice, Progress of the World's Women*, 2011–2012.

kuten hoivaamista, jota on menneinä aikoina arvostettu, ei enää pidetä arvossa. On käynnissä sota femimiinisyyttä vastaan, ja siksi häpeämme esimerkiksi työpaikalla myöntää tuntevamme myötätuntoa tai hellyyttä jotakuta kohtaan. "Toimistonörtti" on usein pilkanteon kohde. Heikot työnnetään ryhmän laidoille tai jopa sen ulkopuolelle. Heikomman osapuolen oikeuksia puolustava huomaa olevansa epäsuosittu. Hellyyttä ja aidon sydämellisiä arvoja mustamaalataan ja arvostellaan. Tällä on valtava vaikutus erityisesti länsimaiseen kulttuuriin. Minunkaan lapsuusvuosinani naisten ja tyttöjen koulutusta ei arvostettu eikä sille annettu etusijaa. Naisia ei pidetty yhtä älykkäinä kuin miehiä.

Varsinkin monissa kehitysmaissa tytöt jäävät ilman koulutusta. Melkein kaikkialla maailmassa naiset ovat todennäköisemmin huonosti koulutettuja kuin nuoret miehet — he ovat saaneet perusopetusta neljä vuotta tai vähemmän. Global Campaign for Education -organisaation helmikuulta 2012 olevan raportin mukaan "47:ssä Afrikan 54 maasta tytöillä on alle 50 %:n mahdollisuus käydä peruskoulu loppuun asti (– –) vain neljä kymmenestä yli 15-vuotiaasta pakistanilaisesta naisesta osaa lukea ja kirjoittaa, kun taas miesten vastaava luku on 70 %". Kaksi kolmasosaa maailman 76 miljoonasta lukutaidottomasta aikuisesta on naisia.

Ajatellessani sitä, kuinka Raamattu sanoo Jumalan panneen vihan käärmeen ja naisen välille, saatoin selvästi nähdä sen todellisuuden, mitä tämä on kaikkina aikoina saanut aikaan joka puolella maailmaa. On käyty sotaa feminiinisyyttä vastaan. Sitä on käyty myös miehiä vastaan, mutta totuus on kuitenkin se, että sota on ollut erityisen kiivasta naisia vastaan, koska Jumalan feminiininen kuva näkyy selvemmin naisissa. Kun nämä tyrmistyttävät tilastot tulivat tietooni, itkin monta päivää ja yötä huutaen Jumalan puoleen: "Kuinka voin uskoa, että rakastat minua

3 | Sota Jumalan feminiinistä kuvaa vastaan

yhtä lailla, tyttärenäsi, kun olet pannut vihollisen minua vastaan? Olet yllyttänyt vihollisen minun feminiinisyyttäni vastaan. Kuinka voin luottaa rakkauteesi minua kohtaan?" Se oli minulle *valtava* ongelma — este, jota en pystynyt voittamaan. Miettiessäni länsimaista kulttuuria (jota hallitsee amerikkalainen kulttuuri) näin, että sekin on naisia sortava järjestelmä. Omassa kansakunnassani, Uudessa-Seelannissa, naisilla ei vielä tänäkään päivänä ole täysin yhdenvertaisia oikeuksia. Naiset eivät edelleenkään saa samaa palkkaa kuin miehet, vaikka työskentelisivät vastaavassa asemassa. Äitini ollessa työssä hänellä oli tietyssä vaiheessa alaisinaan viisi miestä, jotka kaikki saivat parempaa palkkaa kuin hän!

Minulla oli siis vaikea ongelma. Kamppailin nähdessäni ristiriidan sen välillä, että Jumala saattoi toisaalta rakastaa minua yhdenvertaisesti ja toisaalta hän näytti selvästi suosivan maskuliinisuutta. Tiesin, että aina ei ollut ollut näin. Eedenin puutarhassa ennen syntiinlankeemusta miehen ja hänen vaimonsa välillä vallitsi täydellinen sopusointu — miehen ja naisen, maskuliinisen ja feminiinisen synteesi, yhdistelmä. Syntiinlankeemuksen jälkeen miehen ja hänen vaimonsa välille syntyi ristiriita ja juopa; C. S. Lewis sanoo, että "sukupuolten väliin laskeutui miekka".[19] Syntiinlankeemuksen *jälkeen* Jumala sanoi: "Tunnet halua mieheesi, ja hän pitää sinua vallassaan." Mutta kun Jeesus, toinen Aadam, tuli, hän saattoi uudelleen voimaan sen, mitä Jumala oli alun perin määrännyt. Uskon, että Jumala olisi ilmaissut jotakin tämän tapaista antaessaan Eevan Aadamille: "Sinä et pidä häntä vallassasi vaan rakastat häntä ja annat elämäsi hänen puolestaan. Sinä pidät häntä arvossa ja hallitset yhdessä hänen kanssaan." Toinen Aadam

---

19. C. S: Lewis: *A Grief Observed*, Faber and Faber, 1961.

palautti ennalleen sen, mitä ensimmäinen Aadam oli menettänyt — että mies antaa elämänsä vaimonsa puolesta.

Pohtiessani tätä ongelmaa mieleeni tuli vielä yksi ajatus: entä kirkko? Miten kirkko on kohdellut naisia? Millainen asenne naisia kohtaan on vallinnut kirkossa kautta aikojen? Sain pian huomata, mikä on ollut vallitseva näkemys kirkkohistoriassa. Siteeraan seuraavassa muutamia kirkkohistorian huomattavimpia hahmoja.[20]

- Klemens Aleksandrialainen (noin 150–220 jKr.) uskoi, että jokaisen naisen on syytä hävetä, siksi että hän on nainen, ja että miehen parta on merkki hänen ylemmyydestään naiseen nähden. Hän on sanonut: "Miehelle mikään ei ole häpeällistä, sillä miehelle on suotu järkeä; mutta naiselle tuo häpeää jo pelkkä oman luontonsa ajatteleminen."

- Tertullianus (noin 160–240 jKr.), latinalaisen teologian isä, on sanonut: "Olet paholaisen portti: olet se, joka murtaa rikki tuon puun kirouksen sinetin, olet ensimmäisenä kääntämässä selkäsi jumalalliselle laille (– –) olet se, joka houkuttelit hänet, jota paholainen ei kyennyt turmelemaan; vaivatta tuhosit Jumalan kuvan, Aadamin. Jumalan Pojankin oli kuoltava sen vuoksi, mitä sinä ansaitset, nimittäin kuoleman."

- Origenes (noin 185–254 jKr.), kirkon ensimmäinen systemaattinen teologi, antoi itse asiassa kastroida itsensä. Seuraavaa pidetään hänen sanomanaan: "(– –) naisen ei ole sallittua puhua kokoontumisissa (– –) miesten ei tulisi istua kuuntelemassa naista (– –) vaikka hän sanoisi jotakin ihailtavaa, tai jopa hurskasta, sillä ei ole merkitystä, koska se tulee naisen suusta." Hänen

---

20. Tiedot ovat hankkineet Stephen Hill ja Dr. Neil Whitehead.

3 | Sota Jumalan feminiinistä kuvaa vastaan

on myös sanottu lausuneen: "(- -) Jumala ei kumarru katsomaan sitä, mikä on feminiinistä ja lihallista."

¤ Ambrosius Milanolainen (340-397 jKr.), joka oli yksi neljästä alkuperäisestä, vuonna 1298 nimitetystä "kirkonopettajasta" ja oli neljännen vuosisadan huomattavimpia kirkollisia vaikuttajia, on sanonut: "Se, jolla ei ole uskoa, on nainen, ja häntä pitäisi nimittää sukupuolensa mukaisesti, mutta jos nainen pyrkii täydelliseen miehuuteen, hän pääsee eroon sukupuolensa häpeästä."

¤ Augustinus (354-430 jKr.), jota pidetään "suurimpana läntisen kirkon isistä" ja jonka ajatukset ovat läntisen teologian perusta, uskoi, että kun mies ja nainen menevät avioliittoon, he ovat Jumalan kuva. Hän uskoi kuitenkin myös, että mies on yksinäänkin täydellinen Jumalan kuva, mutta naimaton nainen sen sijaan ei ole Jumalan kuva.[21] Hän pani syyn syntiinlankeemuksesta avoimesti naisen harteille. Hän jopa syytti naista vedenpaisumuksen aiheuttajaksi![22]

¤ Tuomas Akvinolainen (1225-1274), joka tunnettiin nimellä "enkeliopettaja", opetti, ettei naisessa ollut Jumalan kuvaa samalla tavalla kuin miehessä, ja sen vuoksi nainen oli hengellisesti alempiarvoinen. Hänen käsityksensä oli, että "nainen on vajaamielinen ja äpärä (- -) luonnostaan miehelle alamainen (- -) alistussuhteessa luonnonlaeille, mutta orja taas ei ole." Hän siis väitti, että orja voi vapautua, mutta nainen ei koskaan!

---

21. "(- -) jotta kokonaisuus olisi yksi kuva; mutta kun viitataan erikseen naisen ominaisuuteen olla auttaja, mikä koskee pelkästään naista, silloin hän ei ole Jumalan kuva; mitä taas tulee mieheen, hän on yksinään Jumalan kuva yhtä täydellisesti kuin silloin, kun nainen liittyy yhdeksi hänen kanssaan." *On the Holy Trinity*, kirjan 12 luvusta 7.

22. Tämä käy ilmi Augustinuksen teoksesta *The City of God* (kirja 15, osa 22): "(- -) ja tämä katastrofi, kuten ensimmäinenkin, oli naisen aikaansaama."

Unohdettu feminiinisyys

¤ Martti Luther (1483–1546), tunnettu protestanttinen uskonpuhdistaja, on sanonut: "Naisen ei tule aloittaa eikä lopettaa mitään ilman miestä. Missä mies on, siellä tulee naisenkin olla ja taipua hänen edessään niin kuin mestarin edessä, jota hänen tulee pelätä ja jolle hänen tulee olla alamainen ja kuuliainen." Hän on myös sanonut: "Miehillä on leveät hartiat ja kapea lantio, ja siksi heillä on älyä. Naisilla on kapeat hartiat ja leveä lantio. Naisen pitäisi pysyä kotona; se, millaisiksi heidät on luotu, on merkkinä tästä, sillä heillä on leveä lantio ja laaja takamus, jonka päällä voi istua, hoitaa taloutta, synnyttää ja kasvattaa lapsia."

Nämä esimerkit käsittävät yli tuhannen vuoden ajanjakson kirkon historiaa, aivan sen alkuajoista uskonpuhdistukseen asti. On sanomattakin selvää, että naisviha on jatkunut kirkossa heikentymättä myös uskonpuhdistuksesta eteenpäin uuteen aikaan ja aivan nykypäiviin saakka.

Näin se siis yhä jatkuu. Naisviha on vääjäämättä löytänyt tiensä kirkkoon, ja kirkosta on tullut osa Saatanan aseistusta sodassa Isä Jumalan feminiinistä kuvaa vastaan. Meillä kaikilla on kokemuksia tästä, ja pystymme helposti osoittamaan esimerkkejä naisvihasta omien kokemustemme perusteella kristittyinä. Jopa siinä paikallisseurakunnassa, jonka jäseniä olimme melko pitkän aikaa, oli tapana, että nainen saattoi käyttää profetian lahjaa ainoastaan silloin, kun profeetallinen sana oli alun perin tullut hänen miehelleen, mutta mies ei ollut pystynyt tuomaan sitä julki. Silloin "lahja" siirtyisi hänen vaimolleen, niin että tämä saattoi puhua sen seurakunnalle. Oli mahdoton ajatus, että Jumala puhuisi suoraan naiselle ja naisen kautta! Tämän logiikan mukaan nainen joutui ristiriitaiseen tilanteeseen, koska tuodessaan julki profetian hän samalla paljasti miehensä tottelemattomuuden.

3 | Sota Jumalan feminiinistä kuvaa vastaan

Monet seurakunnat eivät *edelleenkään* salli naisten olla minkäänlaisissa johtotehtävissä. Seurakunnan kyllä sanotaan olevan hengellisesti "Kristuksen morsian", mutta siitä huolimatta kaikenlaiset feminiinisyyden ilmaukset on tukahdutettu. Seurakunta toimii paljon useammin maskuliinisesti kuin feminiinisesti. Seurakuntaa kuvataan usein armeijana, joka marssii sotaan ja käy valloittamaan. Monilla seurakunnilla ei ole muuta olemassaolon tarkoitusta tai toimintatapaa kuin valloitus. Tottakai meillä on käsky pelastaa kadotetut, mutta haluan tässä korostaa tätä: Jumala on *luonnoltaan myös feminiininen*, ja hänen tarkoituksensa on, että seurakunta heijastaisi tätä feminiinisyyttä.

Tuskin on liioittelua sanoa, että naisvihasta johtuen maailma on sellainen kuin on. Naisiin kohdistuva viha on läpäissyt kaikki suuret kulttuurit. Syntiinlankeemuksesta lähtien maailma on kiistatta ollut maskuliininen maailma. Kirkko on itse asiassa katsonut asiakseen korostaa naisvihaa. Monet suuret kirkkoisät ja teologit ovat terävä-älyisyytensä ja saamansa ilmestyksen ansiosta laskeneet opillisen perustan, jonka varassa nykyinen teologiamme lepää. Silti heidän asenteensa naisia kohtaan ilmenee kauhistuttavana ahdaskatseisuutena lausunnoissa, jotka tuntuvat olevan ristiriidassa heidän muun opetuksensa kanssa. Puhe naisista näyttää herättävän katkeraa vihaa, joka kumpuaa syvästä, tunneperäisestä suuttumuksesta, sen sijaan että nojauduttaisiin tarkkaan harkittuihin älyllisiin perusteisiin. Tarkasteltaessa esimerkiksi sellaisia Jumalaa kuvaavia termejä kuin "äiti" monet teologit torjuvat sen erityisen kiihkeästi. Miksi tämä aiheuttaa näin suurta raivoa? Miksi se herättää näin kielteisiä tunteita? Uskon, että se johtuu naisvihasta. Ei ole enää kyse vain älyllisestä keskustelusta vaan siitä, että minkä tahansa feminiinisen piirteen liittäminen Jumalaan katsotaan loukkaukseksi häntä kohtaan. Miksi? Siksi, että feminiinisyyttä halveksitaan ja se nähdään olennaisesti maskuliinisuutta alempiarvoisena. Siitä syystä naisvihan leimaaman mielenlaadun on täysin mahdotonta pitää feminiinisyyttä Jumalan ominaisuutena. Taustalla oleva ajatus on se, että feminiinisyys on jollakin tavoin vähempiarvoisempaa kuin maskuliinisuus. Jos Jeesus on "toinen Aadam", seurakunnan kutsumus on olla "toinen Eeva". Hengellisesti seurakunta on kutsuttu olemaan "kaikkien elävien äiti" maan päällä — se on seurakunnan osa ja tehtävä. Jumala haluaa asettaa seurakunnan kaikkien elävien äidiksi, olemaan elämän antaja, ravinnon antaja, hoivaaja ja uuden luoja. Seurakunnan tulisi olla sellainen, joka antaa muodon toisille, jotta heistä tulisi kaikkea sitä, mitä Jumala on suunnitellut heidän olevan.

Seurakuntaa on usein kuvailtu sairaalaksi — paikaksi, jonne ruhjotut ja särkyneet voivat tulla parantumaan. Mutta ei tässä kaikki. Paavali sanoo, että seurakunta on kutsuttu ilmaisemaan Jumalan viisautta "kaikessa moninaisuudessaan" (monipuolisesti tai monitahoisesti), niin että "avaruuden henkivallat ja voimat tulevat seurakunnan välityksellä tuntemaan Jumalan viisauden" (Ef. 3:10). Valitettavasti näemme hyvin usein ainoastaan maskuliinisen puolen Jumalasta. Se on vain yksi puoli. Jumalan feminiinisyys ei tule ilmi seurakuntaelämässä. Näemme ihmisten lähtevän "voittamaan kadotettuja" ilman minkäänlaista myötätuntoa heitä kohtaan. Näemme seurakuntien yrittävän "rakentaa Jumalan valtakuntaa", mutta motiivina ei ole sydämestä lähtevä myötätunto. Kun Jeesus näki kadotetut, hänen tuli heitä sääli ja hän liikuttui syvästi nähdessään, että he olivat "kuin lammaslauma paimenta vailla" (Matt. 9:36). Jeesuksen elämä ja palvelutyö kumpusi hänen sydämessään olevasta myötätunnosta ja lempeydestä. Jeesus ilmaisi täydellisesti sekä Isän maskuliinisuutta että feminiinisyyttä.

Haluan kertoa hieman omaa tarinaani. Tullessani uskoon luin paljon kirjoja. Yksi kirja, joka vaikutti minuun erityisesti, oli Jean Vanierin kirja *Community and Growth* (Yhteisö ja kasvu).[23] Tässä kirjassa Jean Vanier käyttää termiä, joka todella kiehtoi mielikuvitustani: "syvin haavamme".[24] Lukiessani tätä kysyin Herralta: "Herra, mikä on minun syvin haavani?" Oletin, että Herra näyttäisi minulle välittömästi vastauksen kysymykseeni ja että jatkaisin sitten elämääni tavalliseen tapaan. Eläisin elämääni samoin kuin ennenkin, mutta tietäisin, mikä syvin haavani on. Mutta Herra ei vastannut kysymykseeni. Hän ei koskaan paljastanut minulle, mikä syvin haavani oli.

Monta vuotta elin turhautuneena — ja kaiken aikaa Jumala teki työtä elämässäni — enkä koskaan saanut vastausta kysymykseeni. Mikä oli syvin haavani?

Mutta kun hän alkoi kuljettaa minua tällä matkalla, josta nyt kirjoitan, ja näytti minulle käärmeen ikiaikaisen vihan Jumalan feminiinistä kuvaa kohtaan, aloin yhä enemmän ajatella omia elämänkokemuksiani.

Lapsena vietin paljon aikaa isoäitini luona. Usein viivyin hänen luonaan pitempiäkin aikoja. Isoäiti oli kaikkea sitä, mitä itsekin halusin olla. Ollessani hänen luonaan hän tuli joka ilta huoneeseeni ja kuunteli, kun rukoilin iltarukouksen. Sanoin: "Rakas, Jeesus, kiltti, hellä, katso pientä lastasi. Siunaa äitiä ja isää, siunaa koko perhettä. Tee Denisestä kiltti tyttö. Aamen." Luulen, että juuri hän opetti minua sanomaan: "Tee Denisestä kiltti tyttö." Isoäiti oli hyvin rakastava ja hoivaava ihminen, ja rakastin häntä todella paljon. Mutta ollessani hänen luonaan siellä kävi aika ajoin vierailulla eräs mies. Tämä mies alkoi ahdistella

---

23. Jean Vanier perusti *L'Arche*-yhteisön vuonna 1964. Siitä on kasvanut kehitysvammaisten yhteisöjen kansainvälinen verkosto.

24. "Yhteisöelämässä huomaamme syvimmän haavamme ja opimme hyväksymään sen. (- -) Juuri tästä haavasta me synnymme."

minua seksuaalisesti. Se alkoi ollessani vielä melko pieni ja jatkui vuosien ajan.

Eräänä iltana isoäidin kuunnellessa iltarukoustani sanoa höläytin, mitä tämä mies oli tehnyt minulle — tuorein tapaus oli sattunut aivan samana päivänä! Isoäiti parka järkyttyi tämän kuullessaan niin, että säpsähti rajusti, hänen silmänsä laajenivat, hän pani sormen huulilleen ja alkoi perääntyä ovesta ulos. Hän huohotti: "Shh, shh, shh! Älä kerro tästä kenellekään! Kukaan ei uskoisi sinua!" Poistuessaan ulos ovesta hän kuiskasi hätäisesti: "Ei sillä ole väliä! Ei sillä ole väliä!" Sitten hän oli poissa. Siinä oli kaikki, mitä kuulin. Mitään muuta ei sanottu. Uskoin, ettei sillä ollut mitään väliä.

Monia vuosia myöhemmin minulle selvisi, mikä oli syy siihen, että hän sanoi: "Ei sillä ole väliä!" Lukuunottamatta sitä, ettei hän oikein tiennyt, miten olisi reagoinut asiaan, syynä oli se, että hän todella aikoi hoitaa asian ja tehdä lopun ahdistelusta. Kuten sanoin, kesti noin neljäkymmentä vuotta, ennen kuin minulle selvisi, mitä hän *todella* tarkoitti sanoessaan sanat: "Ei sillä ole väliä!"

Hyväksikäyttö ei kuitenkaan loppunut. Se jatkui kuten ennenkin. Useita vuosia myöhemmin kysyin äidiltäni, miksi kukaan ei ollut puuttunut asiaan lopettaakseen sen. Kuullessaan tämän äitini tuli hyvin murheelliseksi, sillä hän oli luullut sen loppuneen! Sen jälkeen kun olin kertonut isoäidille, mitä minulle oli tapahtunut, oli nähtävästi pidetty perheneuvottelu. Tätä henkilöä oli puhuteltu, ja häntä oli kielletty jatkamasta ahdisteluaan. Mutta kukaan ei tullut kertomaan siitä minulle, eikä tämä mies välittänyt heistä, ja niin hyväksikäyttö jatkui. Koska se jatkui laantumatta, korviini jäivät soimaan sanat: "Ei sillä ole väliä!" Nämä sanat kaikuivat yhä uudelleen päässäni. Monet hyväksikäytön uhrit kehittävät pienen mantran, jota he hokevat

3 | Sota Jumalan feminiinistä kuvaa vastaan

itsekseen pysytelläkseen erossa siitä, mitä heille tapahtuu. Minun pikku mantrani oli: "Ei sillä ole väliä. Ei sillä ole väliä. Ei sillä ole väliä." Muistan, että tuijotin huoneeni kattoa ja toistelin itsekseni yhä uudelleen: "Ei sillä ole väliä. Ei sillä ole väliä. Ei sillä ole väliä!" Sillä tavoin selviydyin.

On todella mielenkiintoista, että vuosien mittaan olen keskustellut satojen seksuaalisesti hyväksikäytettyjen miesten ja naisten kanssa, enkä ole koskaan unohtanut, että minäkin olin seksuaalisesti hyväksikäytetty. Mutta jostakin syystä sillä ei ollut väliä! Se oli jopa niin yhdentekevää, että seksuaalisesta hyväksikäytöstä kärsineiden ihmisten ahdistuneisuus itse asiassa kummastutti minua. Ihmettelin, miksi se ei ollut vaikuttanut minuun samalla tavoin kuin vastapäätä istuvaan henkilöön. Mielessäni vain kävi, että minäkin olin hyväksikäytetty, mutta siinä kaikki.

Vuodet vierivät. Isäni oli jättänyt perheemme ja muuttanut asumaan toisen naisen luo. Sitten tapahtui jotakin muuta.

Eräänä iltana olin lapsenvahtina erään ystävämme luona, jolle oli myös tullut avioero. Hänellä oli viisi lasta, iältään kahdesta kahteentoista. Elettiin vuotta 1960, eikä talossa ollut televisiota. Hän oli lähtenyt elokuviin ystävänsä kanssa, ja minä olin yksin kotona vastuussa lapsista. Olin 14-vuotias.

Yhtäkkiä oveen kolkutettiin. Avatessani näin miehen seisovan siinä. Hän oli selvästi humalassa ja huojui edestakaisin koettaen ottaa tukea seinästä. Hän sanoi olevansa talon omistajan ystävä. Vaikka mies oli minulle ventovieras, kutsuin hänet sisään ja tarjouduin keittämään hänelle teetä.

Tultuaan sisään hän tarttui hetkeäkään epäröimättä minuun, kaatoi minut lattialle ja ryhtyi raiskaamaan minua.

Järkytykseni keskellä saatoin ajatella ainoastaan: "Ei sillä ole väliä!"

Vielä enemmän minua hirvitti se vastuu, jota tunsin haltuuni uskotuista lapsista. Noihin aikoihin olin melko naiivi seksuaalisissa asioissa, ja olin kauhuissani siitä, mitä minulle tapahtui. En kuitenkaan tajunnut, kuinka merkittävää se todella oli. Suurin huolenaiheeni oli, mitä hän saattaisi tehdä seuraavaksi — lapsille. Mitä hän tekisi heille *sen jälkeen, kun oli saanut tarpeekseen minusta?* Kuinka saisin torjuttua hänet? Kuinka pystyisin estämään häntä tekemästä samaa kaksitoistavuotiaalle? Mitä hän tekisi seitsenvuotiaalle? Entä viisivuotiaalle? Ja kaksivuotiaalle? Onneksi minun ei tarvinnut murehtia sitä kovin pitkään, koska hän nukahti hyvin pian ja nukkui siihen asti, kunnes ystävämme tuli kotiin.

En silloin kertonut kenellekään, mitä minulle oli tapahtunut. Kaupungissamme oli siihen aikaan menossa oikeudenkäynti raiskaajaa vastaan. Kaupungilla ei kuitenkaan puhuttu raiskaajasta. Puhuttiin raiskatusta tytöstä: oliko hän jotenkin vastuussa tapahtuneesta? Mitä tyttö oli tehnyt viekoitellakseen miehen? Oliko tyttö antanut miehelle väärän käsityksen, oliko hän vietellyt miehen? Millaiset vaatteet tytöllä oli yllään, niin ettei mies voinut vastustaa häntä? Antoiko tyttö jollakin tavalla ymmärtää suostuvansa siihen? Samaan aikaan äitini ja isäni kävivät läpi avioeroprosessia. Sydämeni oli särkynyt, koska isä oli jättämässä perheemme. Perhe eli raskasta aikaa, ja tunsin, etten voinut aiheuttaa lisää ongelmia entisten lisäksi. Niinpä vakuuttelin itselleni, ettei sillä ollut mitään väliä, enkä sanonut mitään vaan pidin kaiken sisälläni. Muistan, kuinka kävelin kouluun potkiskellen kulkiessani kiviä ja toistellen koko ajan mantraani: "Ei sillä ole väliä, ei sillä ole väliä, ei sillä ole väliä, ei sillä ole väliä."

3 | Sota Jumalan feminiinistä kuvaa vastaan

Niin elämä jatkui. Mentyämme naimisiin James ja minä päädyimme vuosia myöhemmin erään seurakunnan pastoreiksi. Olin alun perin kieltäytynyt johtamasta seurakuntaa yhdessä Jamesin kanssa (koska olimme kokeneet loppuunpalamisen), mutta aloin tuntea kasvavaa rakkautta ihmisiä kohtaan, ja niinpä lopulta ryhdyin seurakunnan pastoriksi Jamesin rinnalla. Eräänä päivänä eräs seurakuntalainen tuli luokseni ja sanoi: "Denise, haluaisin, että tulisit erääseen konferenssiin, jota olen järjestämässä." Konferenssiin tulisi ryhmä nimeltä Desert Streams Ministries, jolla oli käytössä *Living Waters* -niminen ohjelma. Ryhmä oli amerikkalainen, eikä heillä ollut siihen aikaan toimintaa Australiassa eikä Uudessa-Seelannissa. Tämä mies oli kuitenkin käynyt ohjelman läpi Yhdysvalloissa ja uskoi, että Kristuksen ruumis Uudessa-Seelannissa todella tarvitsi sitä. *Living Waters* -ohjelma oli tarkoitettu ihmisille, jotka olivat haavoittuneet seksuaalisesti tai ihmissuhteissaan. Arvelin sen koskevan meitä kaikkia, eihän kukaan meistä ole täydellinen sen paremmin seksuaalisesti kuin ihmissuhteissaankaan. Niinpä ensimmäinen ajatukseni oli kieltäytyä kutsusta. En halunnut mennä *taas yhteen* kristilliseen konferenssiin. Myöhemmin muutin kuitenkin mieleni ja lähdin vastentahtoisesti, koska tunsin, että seurakunnan takia velvollisuuteni oli mennä sinne. Olinhan luvannut olla pastorina Jamesin rinnalla. Sanoin siis Herralle: "Herra, jos minussa on jotakin, mitä haluat koskettaa tai parantaa, suostun siihen, olkoonpa se mitä tahansa." Sitten lähdin konferenssiin.

Kuten arvata saattoi, konferenssissa tuli eteen ilta, jolloin aiheena oli seksuaalinen hyväksikäyttö. Puhuja käsitteli seksuaalisen hyväksikäytön vaikutuksia meihin: minuuteemme, ihmissuhteisiimme, avioliittoomme — todellakin, koko elämäämme. Hän puhui siitä, mitä se maksaa meille. Sillä ennen kuin voimme todella antaa anteeksi hyväksikäyttäjälle ja tulla vapaiksi, meidän täytyy ymmärtää, kuinka paljon se on maksanut meille. Seksuaalinen hyväksikäyttö on tullut monille hyvin kalliiksi. Joillekin sen hintana on kykenemättömyys pitää yllä intiimiä suhdetta. Toisille se merkitsee sitä, etteivät he voi koskaan olla täysin avoimia seksuaalisessa suhteessa.

Sitten puhuja sanoi: "Nyt haluan, että ne teistä, joita on käytetty seksuaalisesti hyväksi, nousevat seisomaan." Kuten aina, ensimmäinen ajatukseni oli: "No, minun ei tarvitse nousta seisomaan, koska se ei vaikuttanut minuun." Silloin Pyhä Henki sanoi: "Hetkinen! Muistathan keskustelumme. Luulin sinun sanoneen, että olet suostuvainen mihin tahansa, mitä näytän sinulle, vaikka se olisi pienikin asia." Ihmisten noustessa seisomaan minäkin siis nousin. Puhuja aloitti sanomalla: "Haluan seistä esirukouksessa ja ottaa sinun hyväksikäyttäjäsi paikan — miehenä — ja pyytää sinulta, että antaisit anteeksi sen hyväksikäytön, mitä sinulle on tapahtunut... koska sillä oli todella väliä!"

Kun hän sanoi sanat: "... *sillä oli todella väliä*", putosin saman tien polvilleni. Se oli kuin isku suoraan vatsaan. Mikään muu ei olisi voinut iskeä läpi niin kuin nämä sanat: "Sillä oli todella väliä!"

Leukani iskeytyi melkein polviin! Jalat pettivät altani ja keikahdin kumoon niin äkkiä, että ennen kuin huomasinkaan, olin kyyryssä lattialla. Kaikki vuosien aikana padotut tunteet alkoivat nousta sieluni syvyyksistä vuolaana kyynelten tulvana. Tuntui siltä, että kyyneleet lähtivät liikkeelle jaloistani, kulkivat ruumiini läpi ja ryöppysivät valtavalla voimalla silmistäni. Itkin niin rajusti, että tuntui kuin kasvoni olisivat lähteneet irti. Itku tuntui kestävän ikuisuuden. Muisto raiskauksesta, trauma, jonka olin tukahduttanut ja torjunut monien vuosien ajan, nousi selkeänä tietoisuuteeni. Kaikki voimattomuuden ja avuttomuuden tunteet, haavoittuvuus ja kipu vyöryivät esiin. Tuntui kuin virrat olisivat syöksyneet silmistäni. Kyynelkanavani olivat liian ahtaat kestämään sitä kyyneltulvaa, joka virtasi silmistäni. Itkin itkemästä päästyänikin.

Maatessani lattialla itkun jo laantuessa ja rauhan laskeutuessa sisimpääni kuulin Herran puhuvan minulle. Kuulin sen hyvin selvästi hengessäni. Hän sanoi: *"Denise — tämä on sinun syvin haavasi! Syvin haavasi on se, että olet nainen."*

Kun hän sanoi näin, tiesin vuorenvarmasti, että hän oli oikeassa!

Aivan pienestä pitäen, varhaislapsuudesta asti, olin tiennyt, ettei ollut hyvä olla tyttö. Jo ennen kuin hyväksikäyttö alkoi, olisin halunnut olla poika. Kaikki tunsivat minut poikatyttönä; kilpailin luokkani ja kotikulmieni poikien kanssa. Minut pyydettiin aina poikien joukkueeseen, ja minut valittiin mukaan ennen muita poikia. Minut valittiin, koska olin niin taitava "poika". Osasin juosta hyvin, heittää hyvin, ottaa hyvin koppeja. Olin ketterä ja lahjakas poikien peleissä. Identiteettini oli hyvin maskuliininen. Halusin olla vahva, halusin seistä omilla jaloillani. Tiesin jo varhain, että halusin olla riippumaton muista, sillä en voinut luottaa siihen, että kukaan toinen suojelisi minua. Halusin itse rakentaa oman elämäni. Halusin luoda oman maailmani. Mutta tämä kaikki johtui siitä, etten halunnut olla haavoittuva. En halunnut osakseni "pienen tytön" haavoittuvuutta. Tilannetta pahensi seksuaalinen ahdistelu ja raiskaus sekä voimattomuus puolustaa itseäni. Minulla ei ollut ketään, joka olisi ollut minua puolustamassa.

Kyynelten virratessa silmistäni Jumala sanoi minulle lempeästi: *"Tämä on sinun syvin haavasi. Naisena oleminen on syvin haavasi."* Tiesin, että hän oli aivan oikeassa. Hänen sanottuaan nämä sanat tapahtui jotakin, mitä voin kuvailla ainoastaan näin: minut ikään kuin kastettiin feminiinisyyteen. Voimakas feminiinisyyden tuulahdus kietoi minut sisäänsä. Hän täytti minut kaikella sillä, mitä vailla olin ollut. Kaipaus olla feminiininen ilman siitä aiheutuvaa häpeää täytti minut läpikotaisin. Kaikki häpeän tunne "langenneen naisen" osasta huuhtoutui kyynelten mukana pois. Se yksinkertaisesti lähti minusta.

Sanoessaan minulle nuo sanat hän kastoi minut aitoon feminiinisyyteen — feminiinisyyteen, joka ei ole heikko. Laulujen laulussa kuvataan rakastettua morsianta näin:

Kalleimpani! Sinä olet kaunis kuin Tirsan palatsit, ihana kuin Jerusalem, pelottava kuin sotajoukon viirit. (- -) Kuka hän on? Hän loistaa kuin aamurusko, hän on kaunis kuin kuu, sädehtivä kuin päivänpaiste, pelottava kuin sotajoukon viirit. (Laulujen laulu 6:4, 10)

Feminiinisyydessä on jotakin, mikä on kaunista ja lempeää, mutta siinä on myös voimaa. Feminiisyydessä on erilaista voimaa kuin maskuliinisuudessa: sisäistä voimaa, jonka yli ei kävellä. Sitä ei voida alistaa eikä kukistaa, vaan se taipuu omasta vapaasta tahdostaan. Feminiinisyydessä on sisältäpäin kumpuavaa voimaa. Maskuliinisuuden voima tulee ulkoapäin, ulkoisista asioista, mutta Jumalassa olevan aidon feminiinisyyden voima tulee sisältäpäin. Jumala kastoi minut siihen feminiinisyyteen, joka tulee häneltä.

Palattuani tämän kokemuksen jälkeen kotiin kerroin kaiken perheelleni. Kerroin heille aivan kaiken, mitä oli tapahtunut. Kerroin heille seksuaalisesta hyväksikäytöstä. Kerroin heille, että minut oli raiskattu. Kerroin, kuinka Jumala oli ihmeellisesti parantanut minut. Piakkoin sen jälkeen puuhasin jotakin aivan tavanomaista — en todellakaan ollut rukoilemassa — ja Jumala puhui minulle uudelleen. Kuulin hänen äänensä hyvin selvästi hengessäni.

Kun Jumala puhuu sinulle, tiedät täsmälleen, mistä hän puhuu. Kuulin hänen sanovan: "Katsopa sitä vielä kerran ja sano minulle, kenelle minä puhun."

Tiesin välittömästi, että hän puhui Ensimmäisen Mooseksen kirjan kolmannesta luvusta. Hän puhui jakeesta, jossa sanotaan: "Minä panen vihan sinun ja naisen välille."

Heti kun hän oli sanonut tämän, tiesin, mitä hän tarkoitti. Rikkinäisyydestäni johtuen olin tulkinnut täysin väärin, mitä tässä jakeessa tosiasiallisesti sanotaan. Jos Jumala olisi puhunut naiselle, jae olisi tarkoittanut juuri sitä, mitä olin aina tulkinnutkin sen tarkoittavan. Mutta hän ei puhunut naiselle! Hän puhui käärmeelle! Mieleeni tuli välittömästi kuva siitä, mitä Eedenin puutarhassa sillä hetkellä tapahtui. Olin aina kuvitellut, kuinka pettynyt Jumala oli. Kuulemme usein puhuttavan "Jumalan särkyneestä sydämestä", ja se väritti näkemystäni siitä, mitä oli tapahtunut. Olen varma siitä, että Jumalan tunteiden syvyyttä on mahdotonta käsittää, mutta hänen rakkautensa ja myötätuntonsa omia lapsiaan kohtaan ei ole koskaan lakannut.

Olin aina kuvitellut, että Jumala seisoi käärmeen *vierellä* ja sanoi naiselle: "No niin, kivulla sinä olet nyt synnyttävä lapsesi. Minä panen sinut kärsimään, ja miehesi pitää sinua vallassaan." Kuvittelin, että kaikki ne asiat, joita muinaiset kirkkoisät olivat sanoneet naisista, olivat vain sen toistoa, mitä Jumala oli alun perin sanonut naiselle, ja sen seurauksena kaikille muillekin naisille. "Koska tämän teit, mies on hallitseva sinua täysin, ja syystäkin! Ja sitäpaitsi, sen sinä juuri ansaitset!"

Mutta näin *ei* tapahtunut. Kun Jumala puhui, näin hänen ottavan askeleen — seistäkseen naisen *kanssa* ja hänen miehensä *kanssa*. Ja seisoessaan *siinä* paikassa hän puhutteli käärmettä.

Keskustelu oli käyty käärmeen ja naisen välillä, mutta se oli vain yksi taistelu. Käärmeelle se saattoi olla "ensimmäinen kierros", mutta sota ei suinkaan ollut vielä ohi. Käärme oli todellakin voittanut ensimmäisen yhteenoton naista vastaan tämän syötyä puun hedelmän, mutta voimme nähdä isomman kuvan, kun Jumalan sanoo käärmeelle: "Luulet nyt voittaneesi. Uskot, että olet turmellut ja saastuttanut minun kuvani, *mutta* minä panen vihan sinun ja naisen välille, sinun siemenesi ja hänen siemenensä välille."

Tiedätkö, kuka itse asiassa on tämän kertomuksen nainen? Nainen on seurakunta — toinen Eeva. Tiedämme, että naisen siemen viittaa Jeesukseen ja nainen puolestaan seurakuntaan. Seurakunta on se, joka on saava lopullisen voiton vihollisesta. Näin Jumala asian näkee. Iät ja ajat käärme on jatkanut suurta valhettaan, että Jumala olisi pannut käärmeen meitä vastaan. Tämä petos on johtanut koko maailman harhaan. Mutta tulee päivä, jolloin katsomme vihollista sanoen: *"Tämäkö* on se maailman järkyttäjä, valtakuntien vapisuttaja?" On uskomatonta, että olemme antaneet sen pettää ja hallita meitä. Kiitos Jumalalle, Pyhä Henki on antamassa meille ilmestystä todellisesta asemastamme ja auktoriteetistamme Kristuksessa. Asian ydin on siinä, että käärme ei niinkään ole meidän vihollisemme, vaan me olemme *käärmeen* vihollisia. Asia on kiepsahtanut päälaelleen. Käärmettä ei ole pantu meitä vastaan — kuten luulin Ensimmäisen Mooseksen kirjan 3. luvun jakeen 15 sanovan — pikemminkin *meidät* on pantu *sitä vastaan.*

Älä anna vihollisen valehdella sinulle, että sillä olisi oikeutettu ja Jumalalta tullut auktoriteetti elämässäsi. Älä usko, että Saatanalla olisi jokin kiistämätön oikeus häiritä sinua ja estää sinua pääsemästä täyteen perintöosaasi Jumalan poikana tai tyttärenä. Ei! Saatana on valehdellut, että se olisi meidän vihollisemme, mutta Jumala osoittaa selvästi, että asia on päinvastoin. *Me olemme Saatanan vihol-*

lisia. Pietari kirjoittaa, että "Saatana kulkee ympäriinsä kuin ärjyvä leijona ja etsii, kenet voisi niellä" (1. Piet. 5:8). Se ei ole ärjyvä leijona; se on ainoastaan *kuin* ärjyvä leijona. Joku on joskus sanonut, että meidän täytyy sanoa Saatanalle: "Et pysty ärjymään. Pystyt vain sihisemään!" Saatana teeskentelee mielellään, että sillä todella olisi auktoriteetti uskovan elämässä, ja niin kauan kuin se onnistuu petkutuksessaan, sillä on tietty määrä valtaa. Mutta oivaltaessamme, kuinka Jumala todellisuudessa näkee asian, huomaamme valheiden menettävän yhä enemmän valtaansa meihin. Rakas ystävä, totuus on, että *me* olemme *sen* vihollisia! (Room. 16:20)

Joitakin vuosia sitten, kun James ja minä olimme Minneapolisissa, kaksi esirukoilijaa tuli luokseni kokouksen jälkeen ja alkoi rukoilla puolestani. He olivat syvästi liikuttuneita, jopa siinä määrin, että tarttuivat nilkkoihini ja alkoivat itkeä äänekkäästi. Toinen heistä julisti: *"Kun aito feminiinisyys asetetaan ennalleen, morsian ilmestyy!"*

Ajattele sitä! Kun Jumalan aito ja täydellinen kuva tulee ennalleen, Kristuksen morsian nousee auktoriteetissaan kaiken vihollisen vallan yläpuolelle. Hän murskaa Saatanan jalkojensa alle. Tästä syystä vihollinen on hyökännyt niin äänekkäästi feminiinisyyttä vastaan, koska se tietää, että jos se voi tuhota hoivaajan, se voi tuhota seuraavan sukupolven sydämen. Miksi? Siksi, että hoivaaja nostaa esiin sydämen. Feminiinisyys tuo sydämen ihmiskuntaan. Kristuksen ruumiilla on historian aikana ollut hyvin vahva "pää", mutta nyt meidän sydämemme tehdään eläväksi. Monet meistä ovat yksilöinä täysin vailla kosketusta omaan sydämeensä. Emme tiedä, mistä löytäisimme sydämemme tai miten toimisimme sydämestämme käsin. Herra on palauttamassa meille tämän kyvyn sekä yksilöinä että yhteisesti.

Aidon feminiinisyyden ennalleen asettaminen, Jumalan feminiinisen kuvan esiin tuleminen, on valtava asia, koska

Unohdettu feminiinisyys

morsian on feminiininen. On kuitenkin pakko sanoa, että feminiinisyys on vahvinta *naisissa*, emmekä ole pitäneet sitä arvossa. Miehet eivät ole arvostaneet sitä, eivätkä naisetkaan ole arvostaneet sitä. Minä itse vihasin feminiinisyyttä ja sitä, että olin nainen. Kirkko ei ole arvostanut sitä, sen paremmin kuin yhteiskuntakaan. Koko ihmiskunta on tietoisesti tai tietämättään osallistunut naisvihaan, hyökkäykseen feminiinisyyttä vastaan. Miesten ja naisten on välttämätöntä ottaa askeleita, jotta feminiinisyys vapautuisi ja sitä arvostettaisiin ja kunnioitettaisiin. Langennut maskuliinisuus, jolla on taipumus hallita ja käyttää ylivaltaa, on riistänyt ja käyttänyt hyväksi feminiinisyyttä. Osa meidän tehtäväämme tässä palvelutyössä on tuoda esiin ilmestystä tästä ja nähdä katumusta maskuliinisuuden valta-aseman takia, jotta Jumalan todellinen kuva — sekä maskuliininen että feminiininen — voisi tulla ennalleen kaikessa kirkkaudessaan. On elintärkeää, että aito feminiinisyys *sekä* miehissä *että* naisissa tulee ennalleen, jotta voisimme olla kaikkea sitä, mitä Jumala on tarkoittanut Kristuksen morsiamen olevan.

4 | Kaksi näkökulmaa

Tanssi, jota tanssimme, on kaiken keskipiste, ja tätä tanssia varten kaikki on luotu. — C. S. Lewis

Jumala kaipaa rakkaudessaan läheistä yhteyttä luomaansa ihmiskuntaan. Se on ollut hänen kaipauksensa koko ikuisuuden ajan. Se oli hänen luomistyönsä vaikutin, ja sen tähden hän myös lunasti meidät Poikansa ristinkuoleman kautta. Hänen suuri päämääränsä on, että pääsisimme yhteyteen hänen kanssaan. Meidät on luotu hyvin tärkeää ja merkityksellistä suhdetta varten. Tämä suhde on ikuinen kohtalomme. On hämmästyttävä totuus, että meidät on luotu olemaan osallisia suhteessa, joka on kaiken keskipiste — Jumalan kolminaisuudessa. Meidät on luotu kolmiyhteisen Jumalan keskinäisen rakkauden voimasta, ja juuri tämä rakkaussuhde on meidän osamme ja kohtalomme. Haluan tässä luvussa tutkia lisää tätä ihmeellistä totuutta: identiteettiämme Jumalassa.

Tiedämme hyvin, että on olemassa monia eri termejä, joilla voidaan kuvata Jumalaa. On esimerkiksi termi "Ikiaikainen". Jeesuksellekin on annettu monia arvonimiä, kuten "kuninkaiden Kuningas" ja "herrojen Herra". Näitä termejä käytetään aivan oikeutetusti, sillä Jumala on todellakin ollut olemassa ennen kaikkea muuta. Jeesus on ja on aina oleva Herra ja Kuningas. Mutta jos ajattelemme läheistä perheyhteyttä, tunnemme Jumalan kahden erilaisen suhteen kautta. Yhtäältä voimme nähdä, että Jumala on "isä", ja toisaalta taas, että hän on "sulhanen". Näiden kahden suhteen kautta elämme yhteydessä Jumalaan ikuisesti.

Näiden molempien näkökulmien perusta on Ensimmäisen Mooseksen kirjan toisen luvun jakeessa 7:

Ja Herra Jumala muovasi maan tomusta ihmisen ja puhalsi hänen sieraimiinsa elämän henkäyksen. Näin ihmisestä tuli elävä olento.

Aadamin luominen on oikeastaan ensimmäinen kuva siitä, kuinka Jumalasta tuli "isä" maan päällä. Jeesuksen sukuluettelossa Luukkaan evankeliumin mukaan Aadamiin viitataan Jumalan poikana (Luuk. 3:38). Ensimmäisen Mooseksen kirjan toinen luku kuvaa alkuvaiheita ja Jumalan isyyden muodostumista, niin kuin ihmiset sen kokivat maan päällä.

Suurin osa siitä, mitä opetamme palvelutyössämme, on oikeastaan lähtenyt niistä kysymyksistä, joita James ja minä olemme kyselleet Jumalalta. Vuosien mittaan olemme kyselleet Jumalalta monia elämään ja Raamattuun liittyviä asioita, joita emme ole ymmärtäneet, ja Jumala on omalla ajallaan — joskus se on vienyt vuosia — palannut asiaan antamalla vastauksia. Vastaukset ovat aina täynnä ilmestystä ja merkitystä.

Muistan kysyneeni Jumalalta asiaa, joka nousi esiin lukiessani Ensimmäisen Mooseksen kirjan toista lukua. Jakeessa 18 Jumala sanoo: "Ei ole hyvä ihmisen olla yksinään. Minä teen hänelle kumppanin, joka sopii hänen avukseen." Muistan, kun luin tätä ja ajattelin: "Jumala, sinä tiedät lopputuloksen jo alusta alkaen. Sinä tiedät kaikki asiat. Jos kerran tiesit, että tulisi aika, jolloin näkisit, ettei ihmisen ole hyvä olla yksinään, miksi et heti alun pitäen luonut kahta (miestä ja naista)? Miksi et luonut heitä samalla kertaa — miestä ja hänen vaimoaan?"

Emme itse asiassa tiedä, kuinka pitkään Aadam oli yksin. Kestipä se kuinka pitkään tahansa, sen ainakin tiedämme, että Jumala sanoi, ettei hänen ollut hyvä olla yksin. Silloin Jumala teki kumppanin, joka sopisi auttamaan miestä. Sanaa "auttaja" käytetään alkutekstissä monta kertaa liittyen Jumalaan itseensä, esimerkiksi "Jumala on auttajani" (Ps. 54:4) tai "Jumala on (– –) auttajamme hädän hetkellä" (Ps. 46:1). Kyseessä on sama kantasana (heprean sana *ezer*), jota käytetään Ensimmäisessä Mooseksen kirjassa, kun Jumala sanoo: "Minä teen [hänelle] auttajan, joka on hänelle sopiva" (engl. NIV-käännös). Toisin sanoen "sopiva auttaja" Aadamille, nainen, heijastaisi sitä, millä tavoin Jumala auttaa.

Kysyin siis Jumalalta, miksi hän ei tehnyt miestä ja hänen vaimoaan samalla kertaa heti alussa. Miksi hän odotti, ennen kuin loi naisen? Kesti monta vuotta, ennen kuin Jumala vastasi minulle. Luulen, että on olemassa syy siihen, miksi hän toimii näin. Uskon sen johtuvan siitä, että meillä on usein paljon opittavaa, jotta voisimme ymmärtää todellisen vastauksen kysymykseen. Joskus kyselemme Jumalalta asioita, mutta jos hän sanoisi vastauksen heti, emme ymmärtäisi sitä. Emme saisi asiasta niin täyttä ymmärrystä kuin Jumala haluaisi meille antaa. Sen vuoksi hän odottaa, kunnes meillä on vahvempi pohja ymmärrykselle ja voimme ottaa vastaan enemmän ilmestystä.

Kun Jumala lopulta vastasi kysymykseeni, minulle paljastui, että Ensimmäisen Mooseksen kirjan toisen luvun jae 18 kuvaa paljon laajempaa ja paljon syvempää todellisuutta kuin vain Aadamia ja hänen vaimoaan. Se kuvaa Jumalaa isänä, Jeesusta sulhasena ja seurakuntaa morsiamena. Muistan, että mietiskelin näitä kahta näkökulmaa

— Jumalaa isänä ja Jeesusta sulhasena — ja ihmettelin: "Jumala, kuinka tämä oikein toimii? Kuinka tämä toimii ikuisuudessa?" Jumalan tunteminen isänä on jo itsessään valtava todellisuus. Oikeastaan voisi melkein sanoa, että se on kaikenkattava!

Tämän ohella olin vahvasti tietoinen syvällisestä kokemuksesta omassa elämässäni joitakin vuosia aikaisemmin, jolloin sain sellaisen ilmestyksen Jeesuksesta sulhasena, mitä voisi kuvata häkellyttäväksi. Kokemus oli mystinen ja syvästi "romanttinen" hengellisessä mielessä. Tiesin ilman epäilyksen häivää, että Jeesus *on* sulhanen aina ja ikuisesti. Maallisten isien on tarkoitus kuvata sitä, millainen isä Jumala on. Aviomiesten on vastaavasti tarkoitus kuvata sitä, millainen taivaallinen sulhanen ja aviomies todella on. Langenneisuus on tärvellyt tämän kaiken, mutta se ei poista Jumalan tarkoitusta, että isien ja aviomiesten tulisi heijastaa sitä ikuista isyyttä ja ikuista aviomiehenä olemista, mikä ilmenee korkeimpana Jumalassa itsessään.

Muistan illan, jolloin hän vastasi kysymykseeni. Olimme Wisconsinissa, ja meillä oli pieni kotikokous. Oli talvi, ja kaikki oli lumen peitossa. Näimme lumipeitteiset puut, joihin talosta tuleva valo heijastui illan hiljaisuudessa. Oli juuri menossa ylistys, ja katselin ikkunasta näkyvää kaunista ja seesteistä maisemaa, joka toi mieleeni C. S. Lewisin Narnian. Ylistäessäni Herraa hän yhtäkkiä puhui minulle. Oli kulunut jo monta vuotta siitä, kun olin kysynyt häneltä tätä asiaa, mutta tiesin välittömästi, että se mitä hän nyt sanoi, oli suora vastaus kauan sitten esittämääni kysymykseen.

Hän sanoi minulle:

Denise, sinä et ymmärrä sitä, koska luulet, että kaikessa on kyse sinusta. On kyse Isästä ikuisuudessa, joka halusi antaa Pojalleen morsiamen — ja siksi hän

4 | Kaksi näkökulmaa

loi sinut. Ja on kyse Pojasta ikuisuudessa, joka halusi antaa Isälleen monta lasta — ja siksi hän loi sinut! Sinä olet Pojan lahja Isälle — ja Isän lahja Pojalle.

Kirjassaan *Experiencing the Trinity* (Kolminaisuuden kokeminen) Darrell W. Johnson sanoo jotakin, mikä on vaikuttanut minuun suuresti:

> *Maailmankaikkeuden keskipisteessä on suhde (- -) Tästä suhteesta käsin sinut ja minut on luotu ja lunastettu. Ja tätä suhdetta varten sinut ja minut on luotu ja lunastettu!*[25]

Tämä on meidän kohtalomme! Näinä päivinä on paljon puhetta oman kohtalomme löytämisestä, mutta juuri *tämä* on kohtalomme! Kohtalomme on olla osa kolminaisuutta. Emme tietenkään ole samaa olemusta, mutta meidät on otettu samaan yhteyteen. Kun olemme Pojassa, olemme juuri siinä paikassa. Olemme Kristuksessa, Isän kasvojen edessä. Juuri siihen meidät on luotu. Tästä syystä sanomme joskus: älä huolehdi siitä, että saisit näyn olla profeetta tai apostoli. Se saattaa olla ihanaa, mutta se lakkaa aikanaan. Sen sijaan sinun kohtalosi, samoin kuin minunkin, on paljon suurempi eikä se *koskaan* lakkaa. Meidän kohtalomme on Jumalan armosta olla osallisina kolminaisuudessa! Jeesus maksoi hinnan, jotta me pääsisimme osallisiksi Isän ja Pojan yhteydestä ikuisesti.

Isä Raniero Cantalamessa, joka toimii saarnaajana Vatikaanissa, kirjoittaa kirjassaan *Life in Christ* (Elämä Kristuksessa):

> *Olemme mukana alituisessa, molemminpuolisen antamisen ja vastaanottamisen liikkeessä, joka on meneillään Isän ja Pojan välillä. Heidän riemuitsevasta*

---

25. Darrell W. Johnson: *Experiencing the Trinity*, Regent College Publishing, 2002.

syleilystään on peräisin Pyhä Henki, joka sitten tuo meille kipinän tästä rakkauden tulesta.

Hän jatkaa kertomalla "jostakusta, joka Jumalan armosta on saanut kokea tämän". Kun Jamesilla oli etuoikeus tavata isä Cantalamessa, hän kysyi suoraan, oliko isä Cantalamessa itse tämä "joku", jolla oli ollut tällainen kokemus. Isä Cantalamessa vältteli kysymystä eikä halunnut antaa yksiselitteistä vastausta suuntaan tai toiseen. Kirjassaan hän kertoo tästä kokemuksesta seuraavasti:

Eräänä yönä tunsin Isän suuren hellyyden kietovan minut suloiseen, lempeään syleilyynsä. Aivan suunniltani käperryin polvilleni pimeässä. Sydän jyskyttäen antauduin täysin hänen tahtoonsa. Pyhä Henki johti minut kolmiyhteisen Jumalan rakkauteen. Tämä hurmioitunut antamisen ja vastaanottamisen vuorottelu kulki myös minun lävitseni, sen tapahtuessa Kristuksen — johon olin yhdistynyt — ja Isän välillä, sekä Isän ja Pojan välillä. Mutta kuinka voi ilmaista sellaista, mitä ei kykene ilmaisemaan? En nähnyt mitään, mutta se oli enemmän kuin näkemistä, eikä ole olemassa sanoja, joilla voisi kuvata tätä riemukasta vuorottelua, joka oli reagoimista, korkeuksiin kohoamista, vastaanottamista ja antamista. Tämän vuorottelun kautta virtasi kiihkeää elämää toiselta toiselle, niin kuin lämmin maito äidin rinnasta pienelle lapselle. Minä olin tuo lapsi, ja samalla tavoin koko luomakunta, kun se sai nauttia elämästä, valtakunnasta, kirkkaudesta Kristuksen herätettyä sen henkiin. Avattuani Raamatun luin: "Sillä sinun katoamaton henkesi on kaikissa" (Viisauden kirja 12:1). Oi, pyhä ja elävä Kolminaisuus! Olin suunniltani useita päiviä, ja tämä kokemus on edelleen voimakkaana mielessäni tänäkin päivänä.[26]

---

26. Raniero Cantalamessa: *Life in Christ: a Spiritual Commentary on the Letter to the Romans*, The Liturgical Press, 1990.

Olen kuullut toistenkin kertovan hyvin samanlaisista kokemuksista. Meidät on näet luotu olemaan siinä rakkaudessa, joka virtaa ikuisesti Isän ja Pojan välillä, meidät on luotu pääsemään mukaan siihen rakkauteen, joka elää ja sykkii kolmiyhteisessä Jumalassa. Kun Jumala siis sanoi: "Ei ole hyvä ihmisen olla yksin", tajusin, että Aadam oli kuva paljon suuremmasta, ikuisesta todellisuudesta, missä Isä sanoi Pojalle: "Sinun ei ole hyvä olla yksin. Jotta voisin todella siunata sinua, luon sinulle auttajan, luon morsiamen sinulle kumppaniksi!"

Ensimmäinen Mooseksen kirja kertoo, että Jumala toi kaikki eläimet Aadamin luo, jotta hän nimeäisi ne, mutta Aadamille "ei löytynyt sopivaa kumppania". Vanha testamentti on täynnä vastaavanlaisia profeetallisia kuvia, jotka puhuvat suuremmasta, uuden liiton todellisuudesta. Nämä kuvat ja symbolit viittaavat uuden liiton korkeampiin hengellisiin totuuksiin.

Ensimmäisen Mooseksen kirjan toisessa luvussa näemme selkeän profeetallisen kuvan. Se on Eevan "syntymä" (jos saan käyttää tällaista termiä). Jos Jeesus on "toinen Aadam", seurakunnan *täytyy* olla "toinen Eeva". Tässä luvussa meillä on kuva siitä, kuinka seurakunta syntyi Jeesuksen kyljestä. Herra Jumala vaivutti miehen syvään uneen. Tämä vastaa Jeesuksen kuolemaa ristillä: Isä synnytti seurakunnan Jeesuksen kyljestä. On kiinnostavaa huomata, että sana "kylkiluu" ei esiinny hepreankielisessä alkutekstissä. Alkuteksti sanoo tarkemmin, että Jumala otti naisen miehen *kyljestä*. Jumala loi hänet siitä, mikä oli otettu miehen kyljestä. Kun lukee tekstin tällä tavoin, ei voi olla näkemättä yhteyttä siihen, kuinka roomalainen sotilas työnsi keihään Jeesuksen kylkeen, ja haavasta vuoti verta ja vettä. Seurakunta syntyi lunastuksen ja Pyhän Hengen vuodatuksen kautta.

Nähdessään vaimonsa mies huudahti: "Tämä on luu minun luustani ja liha minun lihastani..." Minusta tämä on hyvin mielenkiintoista. Kun Jeesus ilmestyi opetuslapsilleen noustuaan kuolleista, hän käytti samankaltaista ilmaisua: *Koskettakaa minua, nähkää itse. Ei aaveella ole lihaa eikä luita, niin kuin te näette minussa olevan.* (Luuk. 24:36–40) On kiintoisaa, ettei hän puhu "lihasta ja verestä", sillä hän oli vuodattanut verensä ristillä. Sanonta "lihaa ja luita" puhuu profeetallisesti tulevasta: seurakunta otettiin Jeesuksen kyljestä, jotta se olisi hänen auttajansa. Watchman Nee käsittelee tätä laajemmin kirjassaan *The Glorious Church* (Kirkastettu seurakunta). Hän sanoo: "Vain se, mikä tulee Kristuksesta, voi olla seurakunta." Hän täsmentää ajatusta päätyen siihen ällistyttävään johtopäätökseen, että seurakunta "(– –) on tehty Kristuksesta itsestään (– –) seurakunta on toinen muoto Kristuksesta, aivan kuten Eeva oli toinen muoto Aadamista."[27]

Kun Jumala alun perin loi miehen ja sitten naisen, he olivat yhtä. Jumalan kuva oli miehessä ja naisessa yhteisesti — se oli maskuliinisuuden ja feminiinisyyden yhteisvaikutus — jopa siinä määrin, että molempien nimenä oli ihminen, *adam* (1. Moos. 5:1, 2). Heillä oli vain yksi nimi, koska he olivat yhtä. Oli ikään kuin yksi olento kahdessa osassa eikä kahta erillistä olentoa. Vasta syntiinlankeemuksen jälkeen Raamattu kertoo Aadamin antaneen vaimolleen nimen Eeva (1. Moos. 3:20). He eivät enää olleet samalla tavoin yhtä kuin silloin, kun Jumala alun perin heidät loi.

Me olemme rakkauden lahja, joka annetaan Jumalan kolminaisuuden kesken. Ikuisuudessa Pojan sydämessä oli halu tuoda paljon poikia ja tyttäriä kotiin Isän luo. Isän sydämessä oli halu valmistaa Pojalleen morsian, joka olisi

---

27. Nee, Watchman: *The Glorious Church: God's View Concerning the Church*, Living Stream Ministry, 1993.

samaa olemusta kuin Poika. Morsian muodostuu monista pojista ja tyttäristä. Se, mikä jakautui syntiinlankeemuksessa, on Kristuksessa tullut uudelleen yhdeksi. Seurakunta on nyt Kristuksen ruumis, erossa aviomiehestään, mutta on tulossa päivä, jolloin Isä antaa sen täydellisenä Pojalleen, ja se yhdistyy täysin häneen. Sinä päivänä Isän perhe on täydellinen, kotona hänen luonaan, ja olemme mukana kolmiyhteisen Jumalan täydellisessä rakkauden virrassa.

5 | Jumalan äidinsydän

"Lohduttakaa, lohduttakaa minun kansaani", sanoo teidän Jumalanne. — Jes. 40:1

Muistan sellaisen ajan elämässäni, jolloin huusin Jumalan puoleen: "Kunpa olisit äiti!" Olin tullut hiljattain uskoon ja yritin saada elämääni järjestykseen. Ajatus siitä, että Jumala oli Isä, oli minulle vaikea eikä antanut minulle minkäänlaista turvallisuudentunnetta. Isäni oli jättänyt perheensä; äiti oli se, joka oli jäänyt. Tiesin, että äiti ei koskaan jättäisi lastaan. Halusin epätoivoisesti, että Jumalassa olisi lempeä puoli, johon pystyisin luottamaan, että hänessä olisi jonkinlaista äidinrakkautta minua kohtaan. Halusin, että Jumala voisi samastua minuun naisena.

Myöhemmin, kun James ja minä matkustimme puhumassa Jumalan isänrakkaudesta ja siitä, että suhteemme omaan isäämme vaikuttaa jumalakuvaamme, monet tulivat jälkeenpäin sanomaan meille: "Minulla ei oikeastaan ollut ongelmia isäni suhteen, minun ongelmani liittyivät äitiini." Tai he sanoivat, että heidän oli vaikea avata sydämensä maskuliiniselle hahmolle.

Koska on ollut käynnissä sota feminiinisyyttä vastaan, seurauksena on ollut laajamittainen naisten väheksyntä. Juuri naisilla on kyky ilmaista Isä Jumalan äidinsydäntä ja feminiinisyyttä. Kuten jo aikaisemmin sanoin, jos minä

5 | Jumalan äidinsydän

olisin ollut käärme ja olisin halunnut tuhota ihmiskunnan, nainen olisi ollut itsestään selvä hyökkäyksen kohde. Se johtuu siitä, että naisen kautta Isän hellyys tulee täydellisimmin esiin. Ilman hellyyttä, ilman hoivaamiskykyä ihmiskunta ei pääse olemaan Jumalan kuva, koska *naisen* rakkaus — äidin rakkaus — on se *perustava* rakkaus, jota Jumala on aina halunnut meidän saavan.

Nykyään puhutaan paljon "isättömästä sukupolvesta", ja voimme todellakin katsoa maailmaa ja nähdä, että on ehdottomasti olemassa isätön sukupolvi. Mutta totuus on, että jos on olemassa isätön sukupolvi, saattaa myös olla olemassa *äiditön* sukupolvi. Kun äitien täytyy nousta maskuliinisessa voimassaan, he voivat menettää kyvyn hoivata pienokaisiaan sillä tavoin kuin lapset tarvitsisivat.[28]

Valitettavasti ihmisyytemme tarpeettomin osa erityisesti länsimaisessa kulttuurissa on hellyys ja hoivaaminen. Kulttuurissamme arvostetaan ja tavoitellaan maskuliinisuutta ja siihen liittyviä ominaisuuksia. Esimerkiksi tuottavuus ja yksilöllisyys ovat ominaisuuksia, joita pidetään korkeina ihanteina yhteiskunnassamme. Elettäessä tämän kaltaisessa suorituskeskeisessä kulttuurissa on varsin helppo laittaa syrjään tunteet ja hellyyden osoittaminen. Muistan kokeneeni vaikeita aikoja nuoruusvuosinani, ja vaikka sydämeni saattoi huutaa: "Tuo todella sattui", tukahdutin yksinkertaisesti sellaiset tunteet enkä antanut kenenkään nähdä heikkouttani. Tämän tuloksena hellyys ja kyky hoivata tulevat alas painetuiksi. Totuus on, että Jumala on pannut meihin äitinä olemisen ainutlaatuisuuden, feminiinisyyden ainutlaatuisuuden ja kyvyn hoivata.

---

28. Jean Vanier puhuu kirjassaan *Man and Woman He Made Them* (St. Paul Publications, 1985) lapsen "haavoittuneesta sydämestä" näin: "Vauvan ja hänen vanhempiensa välillä on elämää antava vuoropuhelu, joka herättää, kutsuu esiin, rohkaisee ja tukee. Jo aivan pieni vauva tuntee, onko hän todella kallisarvoinen vanhemmilleen, rakastavatko he häntä ainutlaatuisella tavalla."

Ajattelen aina asiaa näin: nimenomaan äiti, tai feminiininen rakkaus, antaa sydämen ihmiskunnalle. Äiti on se, joka opettaa meidät rakastamaan. Äiti, joka on itse riittävän ehjä, opettaa lapsiaan sekä rakastamaan että olemaan rakastettuja. Kun äiti itse on riittävän toimintakykyinen, niin että hän pystyy rakastamaan ja hoivaamaan lastaan, hän laittaa lapsen sisimpään kyvyn ottaa vastaan ja säilyttää rakkautta — säilytysastian, josta virtaa rakkautta muille. Ihmisinä meille on opetettava kaikki asiat. Meidän on opittava kävelemään, puhumaan ja syömään, samoin kuin tekemään monia muitakin asioita. Mutta meidän on myös opittava *rakastamaan*. Raamattu tekee tämän selväksi sanoessaan, että me rakastamme, koska Jumala on ensin rakastanut meitä (1. Joh. 4:19).

Rakkaus on rakkauden herättämää vastakaikua. Opimme rakastamaan vastakaikuna siihen, että meitä rakastetaan. Nykymaailmassa on monia, monia lapsia, jotka ovat jääneet vaille tätä. Vihollinen on tullut tuhoamaan kykyämme rakastaa, ja mitä enemmän tätä tapahtuu, sitä vaarallisemmaksi maailma muuttuu. Apostoli Paavali sanoo:

Sinun on tiedettävä, että viimeisinä päivinä koittavat vaikeat ajat. Silloin ihmiset rakastavat vain itseään (- -) [ovat] rakkaudettomia (- -) rakastavat enemmän nautintoja kuin Jumalaa. (2. Tim. 3:1-4)

Tämä on juuri sitä, mitä nyt tapahtuu. Olemme enenevässä määrin tulossa aikaan, jolloin hoivaamisen kyky on kadoksissa. Usein äitinä oloa arvostetaan vähemmän kuin uralla etenemistä, itsensä toteuttamista, liikeyrityksen pitämistä ja niin edelleen. Nykyään monen nuoren naisen päätavoitteita on edetä yritysmaailmassa. En epäile ollenkaan, etteivät naiset pystyisi pitämään työtä ja perhe-elämää sopusoinnussa keskenään, mutta hellyyden ja hoivan tarvetta on arvostettava ja annettava sille etusija.

Tämä koskee myös miehiä. Koska miehet eivät ole saaneet hoivaa, he eivät puolestaan pysty hoivaamaan vaimoaan ja lapsiaan. Sen seurauksena naiset huomaavat yhä enemmän olevansa tilanteessa, jossa heidän on pakko toimia yksin ja pitää huolta itsestään ja perheestään. Tehdessään näin heidän kykynsä hoivata ja kasvattaa terveitä jälkeläisiä vaarantuu. Katsoessamme monia "levottomuuspesäkkeitä" eri puolilla maailmaa huomaamme, että näissä paikoissa naiset ovat jääneet suureksi osaksi vaille tunnustusta ja arvostusta. Tässä vaikuttaa syyn ja seurauksen periaate. Aliarvostetut naiset ovat kykenemättömämpiä hoivaamaan. Aidon feminiinisyyden nujertaminen tukahduttaa hoivaamisvietin. Tällaisessa ympäristössä kasvaneilla ei ole myötätuntoa toisia kohtaan. Nuoret eivät kykene ymmärtämään, miltä tuntuu olla kiusattuna, ja ovat sen takia paljon taipuvaisempia harjoittamaan sitä.

Voimme oppia vain siitä, mitä meille on tehty. Olemme ensi sijassa vastaanottajia. Jeesus sanoi: "Lahjaksi olette saaneet, lahjaksi antakaa" (Matt. 10:8). Tämä näkyy sekä myönteisissä että kielteisissä asioissa. Lapset, jotka ovat saaneet kasvaessaan rakkautta ja hellyyttä, kykenevät vuorostaan ilmaisemaan rakkautta terveellä tavalla. Vastaavasti lapset, jotka ovat kasvaessaan kokeneet väkivaltaa ja laiminlyömistä, tulevat väkivaltaisiksi ja laiminlyövät muita. Tarvitaan ihmeellinen Jumalan Hengen kosketus parantamaan traumoja, joita jotkut ovat elämässään kokeneet, jotta heistä tulisi rakastavia ja ehjiä ihmisiä.

En voi erottaa äitiyttä ja feminiinisyyttä koskevaa totuutta siitä suuremmasta kuvasta, joka Jumalalla oli mielessään, kun hän loi meidät (sekä miehet että naiset) morsiameksi Pojalleen. Sen lisäksi että olemme Kristuksen morsian, uskon, että meidän tulee myös ilmaista Jumalan feminiinisyyttä ja hänen hoivaavaa sydäntään täällä maan päällä. Emme kuitenkaan ole vain morsian. Aadam antoi vaimolleen nimen Eeva, joka tarkoittaa "kaikkien elävien äiti". Tämä on tärkeää, koska aivan niin kuin Aadam on Kristuksen esikuva, Eevakin on seurakunnan esikuva. Niin kuin Jeesus oli toinen Aadam, seurakuntakin on toinen Eeva — kaikkien elävien äiti. Näin ollen on Jumalan tarkoitus, että seurakunta antaisi hoivaa maan päällä. Hänen tarkoituksensa oli, että seurakunta olisi hänen hoivansa ruumiillistuma. Seurakunnan kautta Jumala itse voisi vuodattaa rakkauttaan ja hellyyttään, armoaan ja laupeuttaan tarvitsevalle ja rikkinäiselle maailmalle. Tämä on suuremmassa mittakaavassa samaa, mitä äiti tekee kotona. Mitä äiti on kodissa, sitä seurakunnan on tarkoitus olla maailmassa.

On ymmärrettävää, miksi vihollinen on suunnitellut huolellisesti feminiinisyyteen kohdistuvan hyökkäyksensä — että äiti ei voisi olla kodissa sitä, mitä Jumala on tarkoittanut hänen olevan, eikä kykenisi hoivaamaan lapsiaan ja johtamaan heitä kohti Jumalan täydellistä kuvaa. Kun feminiinisyyttä väheksytään, seurakunta tarvitsee ensin Jumalan aikaansaaman parantumisen voidakseen hoivata rikkinäistä maailmaa ympärillään. Uskon, että Jumala haluaa seurakunnan olevan hänen käsivartensa, hänen syleilynsä maailmalle. Seurakunnan tulisi olla rakastavan Jumalan ruumiillistuma, hänen käsivartensa, hänen jalkansa, hänen silmänsä, hänen korvansa, hänen äänensä. Olemme onnistuneet hyvin joissakin asioissa: olemme menneet kansakuntiin, saarnanneet evankeliumia ja kastaneet uusia opetuslapsia. Me, Kristuksen ruumis, olemme olleet hyviä menemään. Emme kuitenkaan ole vielä olleet kovin hyviä vain olemaan!

Maailma on kuin suuri koti, jossa meidän on opittava olemaan äiti. Tarvitsemme helliä sydämiä ja avoimia käsivarsia, jotka toimivat yhtäaikaisesti sekä Sulhasen että Isän itsensä kanssa. Hän halajaa vuodattaa rakkauttaan ja

5 | Jumalan äidinsydän

ilmaista sitä sekä Morsiamen että Äidin kautta täällä maan päällä.[29]

Jumalan tarkoituksena oli, että hedelmöityksen hetkestä aina syntymämme hetkeen asti saisimme erityistä rakkautta, erityisen laatuista rakkautta, ja siten voisimme kasvaa hänen kaltaisikseen. Tätä rakkautta hän on pannut ensi sijassa äitiin — äitiin, joka on itse kyllin ehjä kyetäkseen ilmaisemaan sitä. Se tunnetaan kreikan kielessä sanalla *storge*.[30] Tämä laadultaan erityinen rakkaus eroaa kaikista muista rakkauden muodoista. Sana *storge* tarkoittaa 'perheen keskinäistä kiintymystä'. Se ilmaisee hoivaa, hellyyttä ja huolenpitoa. *Storge*-rakkaus on rakkautta, joka rakentaa perustan elämällemme. Se tulee ensi sijassa äidiltä, koska kasvamme äidin kohdussa ja syntymän jälkeen saamme ravintoa ja lohdutusta hänen kehonsa välityksellä. Mutta se

---

29. Ajatus Jumalan äidinsydämestä ei ole tuntematon kirkkohistoriassa. Monet kirkkoisät ja myöhemmät teologit ovat käyttäneet feminiinistä kuvakieltä kirjoituksissaan. Seuraavassa muutamia esimerkkejä:
   Irenaeus (130–202 jKr.): "Hän (- -) tarjosi itsensä meille maitona [koska olimme] kuin pikkulapsia."
   Klemens Aleksandrialainen (150–220 jKr.): "(- -) Sana, Isän rauhoittava rinta, joka siihen sopivana yksistään tyydyttää meidät lapset rakkauden maidolla" ja "(- -) Isän rakkauden rinnat antavat maitoa."
   Johannes "Kultasuu" Krysostomos (354–407 jKr.), joka sai lisänimensä kaunopuheisesta saarnatyylistään, puhuu eräässä doksologiassa Kristuksesta, että hän on "(- -) veli, sulhanen, asumus, ruoka, vaatetus, juuri, perustus (- -) sisar, äiti."
   Apologeetat (Justinos, Tatianos, Athenagoras ja Theofilos Antiokialainen) viittaavat Sanaan, joka asuu Jumalan kohdussa niin kuin sikiö äidin kohdussa.
   Klemens sanoo edelleen: "(- -) vaikka sanoin kuvaamaton osa hänestä on isä, niin se osa, joka on myötätuntoinen meitä kohtaan, on äiti."
   Ylläolevat tiedot on saatu Dr. Tim Bulkeleyn tutkimuksesta (Carey Baptist College, Auckland).
   Merkittävän kannanoton on esittänyt myös uskonpuhdistaja Jean Calvin, joka kirjoittaa Jesajan kirjan kommentaarissaan: "Jumala on ilmaissut olevansa sekä isä että äiti, jotta me voisimme olla enemmän tietoisia Jumalan jatkuvasta läsnäolosta ja halukkuudesta auttaa meitä."

30. Tarkempaa tietoa rakkauden määritelmistä kreikan kielessä C. S. Lewisin teoksessa *The Four Loves, Reprint Edition*, Fount, 1998.

tulee myös isältä. Joku on sanonut minulle, että englannin sana "husband" (aviomies) tulee vanhasta englantilaisesta sanasta "house-binder", josta käy ilmi ajatus peittämisestä ja suojelemisesta. Isä voi osoittaa kiintymystä jälkeläisiään kohtaan ympäröimällä ja suojelemalla kotia, pitämällä sen turvallisena ja vapaana pelosta ja huolista. *Storge*-rakkaus välittyy myös sisarusten, isovanhempien ja muiden sukulaisten kautta.

Tosiasiassa Jumala on tarkoittanut, että elämämme varhaisimmista kokemuksista lähtien rakkaus olisi (apostoli Paavalin sanoin) "elämämme perustus ja kasvupohja". Tarkoitus oli, että juurtuisimme heti alusta lähtien *storgen* kaltaiseen rakkauteen. Jumalan tarkoitus oli, että meitä rakastettaisiin ylenpalttisesti tällaisella hellyydellä jo äitimme kohdusta asti ja syntymästämme eteenpäin. Vain silloin kun elämämme juuret työntyvät syvälle rakkauden maaperään, ja mikä tärkeintä, *oikeanlaisen* rakkauden maaperään, voimme kasvaa ehjiksi ihmisiksi ja kyetä täysin ilmaisemaan Isän sydämessä olevaa rakkautta maailmaa kohtaan. Jumalan tarkoitus oli, että kokisimme runsain määrin tämänlaatuista rakkautta. Kun synnyimme maailmaan, hänen tarkoituksensa oli, että meidät otettaisiin välittömästi mukaan tähän perheen keskinäiseen, hellään rakkauteen, jota äitimme välittäisi meille henkilökohtaisesti.

Meidät on *tehty* rakkautta varten. Henkilö, jota rakastetaan suuresti ja oikealla tavalla, on tavallisesti myös hyvin luottavainen ihminen. Hän kykenee parhaiten kohtaamaan elämän tuomat iskut, kärsimään vastoinkäymisiä ja reagoimaan niihin mahdollisimman terveellä tavalla. Usein opintomenestyskin perustuu siihen, että henkilöllä on sisäinen rauha ja luottamus syvällä sisimmässään, ja hän pystyy lepäämään ja ottamaan vastaan. Jumalan tarkoitus oli, että me kaikki pääsisimme tällaiseen paikkaan ja voisimme kasvaa hänen kuvansa kaltaisiksi. Niinpä hän on pannut

5 | Jumalan äidinsydän

sisimpäämme feminiinisen sydämen — feminiinisyyden, joka on *sekä* miehessä *että* naisessa — hänen oman hellän kaipauksensa ja hellän sydämensä. On tärkeä huomata, että miehilläkin on sisimmässään kyky ilmaista tätä hellää kaipausta, joka tulee Jumalan feminiinisyydestä.

Vaikka on näin, *enemmän* Jumalan feminiinisyyttä on kuitenkin naisessa. Naisen keho on tehty hoivaamista silmälläpitäen. Se on profeetallinen ilmaus siitä, millainen Jumala on feminiinisiltä piirteiltään. On erittäin merkittävää, että Jumala ilmoittaa itsensä (1. Moos. 17:1) nimellä El Shaddai, monirintainen.[31] Hänen tarkoituksensa oli, että kansakuntien (jotka ovat lähtöisin Abrahamista eli "kansojen paljouden isästä") perustana olisi rakkaus ja hoiva. Juuri tämä oli se ilmestys, jonka Abraham sai — El Shaddai, monirintainen.

Rinnoissa on jotakin, mikä puhuu lohdutuksesta ja hoivasta. Tiedämme, että tietyssä mielessä Jumalalla ei ole ruumista. Hän on henki. Mutta hän on muovannut meidät ihmisiksi tavalla, joka antaa ilmestystä hänen luonteestaan ja hänen toiveistaan meihin nähden yksilöinä niin kodissa, perheessä kuin seurakunnassakin. Uskon, että hän haluaa seurakunnan kautta ilmaista hoivaansa. Hän haluaa, että seurakunta olisi Jumalan ravitsevien rintojen ruumiillistuma.

Hyvä ystäväni, joka rukoilee puolestani, sai eräänä päivänä ilmestyksen. Hän sanoi minulle: "Denise, Herra haluaa, että me seurakuntana rakastamme rintamaidolla, ruokimme rintamaidolla, ei korvikkeilla." Tämäpä vasta mielenkiintoista! Ystäväni halusi sanoa, että seurakunnan täytyy kyetä hoivaamaan sillä todellisella rakkaudella, jota sillä on, ja sen avulla hoivata ja ravita maailmaa. Jos seu-

---

31. Raamatunkohta on käännetty sanalla "Kaikkivaltias", mutta hepreaan sana *shad* tarkoittaa 'rinta' ja yhdessä sanan *El* (Jumalan nimi) kanssa se merkitsee 'Jumala, jolla on monta rintaa'.

99

rakunnalla ei ole rintoja, se voi käyttää ainoastaan äidinmaidonkorvikkeita! Miksi? Siksi, että Jumalan rakkaus ja hoiva tulee rintojen kautta! Korvikkeiden käyttö monissa nykypäivän seurakunnissa on vain osoitus siitä, ettei rinnoista tule elävää ravintoa. Seurakunnan on tarkoitus ravita elämää antavalla maidolla, joka tulee Isältä itseltään.

Raamattu itse puhuu "sanan maidosta" (1. Piet. 2:2, 3):

Niin kuin vastasyntyneet lapset tavoitelkaa puhdasta sanan maitoa, jotta sen ravitsemina kasvaisitte pelastukseen. Olettehan te "maistaneet Herran hyvyyttä".

Myös Paavali kirjoittaa (1. Kor. 3:1, 2):

Minä en voinut puhua teille, veljet, niin kuin hengellisille ihmisille puhutaan, vaan niin kuin (– –) niille jotka ovat Kristuksen tuntemisessa vielä pikkulapsia. Annoin teille ravinnoksi maitoa, en vahvaa ruokaa, sillä sitä te ette olisi vielä kestäneet.

Nämä jakeet piirtävät kuvan äidistä, joka imettää pikkuvauvaansa ruokkien sitä rintamaidollaan. Näissä jakeissa tulee esiin tarkkaan harkittu, Pyhän Hengen välittämä kuva. Hän haluaa ennen kaikkea ravita kansaansa (seurakuntaa) ja sitten ravita ruumiinsa (seurakunnan) *kautta*, niin kuin äiti ravitsee vauvaa rintamaidollaan. Kuten olen korostanut, meidän ruumiimmekin on ilmestys siitä, kuka Isä Jumala on! Äiti on luotu olemaan hellä ja olemaan Jumalan, meidän Isämme, hellän rakkauden ruumiillistuma.

Tämä ei ole kovin suosittu totuus feministisessä ajattelussa. Siitä ei kuitenkaan pääse yli eikä ympäri. Naisen keho on tehty hoivaamista varten. Se on tehty hellyyttä varten. En väitä, että kaikki, mitä nainen voi tehdä, rajoittuisi tähän; on tietenkin paljon muutakin, mitä nainen voi tehdä. En myöskään väitä, että hänen tulisi keskittyä vain tähän. Se, mitä haluan korostaa, on tämä: nykypäivän kulttuurissa on havaittavissa tämän todellisuuden selvää kieltämistä ja sen tosiasian kieltämistä, että naisen keho on suunniteltu hoivaamiseen. Niinpä huomaamme etääntyvämme yhä kauemmas Jumalan kuvasta.

Joitakin aikoja sitten olin tyttäreni luona, joka asuu miehensä ja lastensa kanssa Sydneyssä, Australiassa. Luin uutisista, että jotkut yhteiskunnan jäsenet ovat enenevässä määrin närkästyneitä lapsiperheille annettavista verohelpotuksista. Toinen ongelma oli, että vaaditaan oikeutta saada istumapaikka ravintolassa tai lentokoneessa "lapsista vapaalta" alueelta.[32] Nämä ovat vain pari esimerkkiä siitä, kuinka kauas Jumalan kuvasta olemme menossa. Tämä on pelottavaa todellisuutta, koska juuri äidit antavat sydämen ihmiskunnalle. Sen kautta, että äiti kykenee rakastamaan ja hoivaamaan, me vuorostamme saamme kyvyn rakastaa ja hoivata. Äidillä on kyky reagoida lapsensa tarpeisiin automaattisesti. On tieteellinen tosiasia, että naisen aivot ovat herkemmät kokemaan myötätuntoista surua kuin miehen aivot.[33] Sen tähden äiti on yleensä se, joka nousee keskellä yötä rauhoittamaan itkevää lasta. Lapsen ollessa ahdistunut äiti aistii herkästi tämän surullisuuden eikä *voi* olla reagoimatta siihen. Jumala on pannut meihin äiteihin jotakin sellaista, minkä täytyy reagoida lapsen tarpeisiin.

Valitettavasti olen huomannut, että seurakunta on menossa samaan suuntaan kuin nykypäivän länsimainen kulttuuri. Se on menettämässä halun ja kyvyn hoivata. Maailma sen sijaan janoaa äidin syleilyä. Eräs intialainen nainen, joka tunnetaan nimellä Amma (Äiti), matkustaa ympäri maailmaa pitämässä tilaisuuksia, joissa käy

---

32. Sally Loanen raportti *The Sydney Morning Herald* -lehdessä 10.7.2000 otsikolla: Two's all the company you want in the childfree zone. Raportissa kommentoitiin Susan ja David Mooren kirjaa *Child-free Zone: Why More People are Choosing Not to be Parents*, Checkered Gecko Pty.Ltd., NSW, 2000.
33. Professori Simon Baron-Cohenin tutkimus Autism Research Centressä, Cambridgen yliopistossa, BBC:n Science and Nature -verkkosivujen mukaan.

tuhansia miehiä ja naisia. Hän syleilee äidillisesti jokaista henkilökohtaisesti. Liikemiehet kalliissa puvuissaan itkevät hänen olkapäätään vasten. He jonottavat tuntikausia vain saadakseen häneltä halauksen ja kuullakseen sanat: "Rakas poikani". Naiset eivät voi hillitä itkuaan kuullessaan sanat: "Rakas tyttäreni", kun Amma sulkee heidät syleilyynsä ja painaa karamellin tai kukan terälehden heidän käteensä.

Naisilla on Jumalan antama kyky ja kutsu, olkootpa he naimattomia tai naimisissa, välittää Isän hoivaavaa sydäntä. Tämä on paljon isompi asia kuin luonnollinen äitiys. Siinä on kyse sen hyväksymisestä, millaisiksi Jumala on meidät luonut voidaksemme olla hänen luontonsa ruumiillistuma. Rakkaus vastaa rakkauteen. Ihmiset vastaavat poikkeuksetta hellään rakkauteen. Jumala on kutsunut seurakunnan palvelemaan rikkinäistä maailmaa. YK:n hiljattain tekemän arvion mukaan maailmassa on nykyään kymmeniä miljoonia katulapsia. Määrä saattaa olla jopa 100 miljoonaa.[34] Tämä on tyrmistyttävä tilasto! Koskaan aikaisemmin historian aikana ongelma ei ole ollut yhtä mittava kuin nykyään. Kovissa oloissa elävien lasten määrän nousu on oire yhteiskunnan hoivaamiskyvyn ja hoivaamishalun romahtamisesta. Näillä lapsilla ei ole kotia eikä paikkaa, johon he kuuluisivat.

Mikä on sitten tässä tilanteessa Jumalan kutsu seurakunnalle? Maailmassa on valtava tarve pelkästään tällä alueella — lasten kohdalla, jotka eivät ole koskaan kokeneet rakkautta eikä hoivaa.

Muistan lukeneeni sanomalehtiartikkelin ollessamme Englannissa joitakin vuosia sitten. Artikkeli koski "lapsi-

---

34. UNICEF, 2002:37. Lukumäärä vaihtelee sen mukaan, tulkitaanko itse lukumäärän kasvaneen maailmanlaajuisesti vai onko ainoastaan tietoisuus asiasta lisääntymässä. Joka tapauksessa katulapsia on varovaisenkin arvion mukaan ainakin kymmeniä miljoonia.

tappajia" eli alle 15-vuotiaita lapsia, jotka olivat tappaneet jonkun ja olivat sen vuoksi joutuneet vankilaan. Kokonainen sivu lehdestä oli omistettu näiden lasten valokuville. Artikkelissa kerrottiin, että lapsille tehdyt tutkimukset osoittivat puuttuvan lenkin olevan hoivan puute lasten elämän varhaisten kuukausien ja vuosien aikana. Vaikka jotkut heistä olivat näennäisesti vakaista ja hyvätuloisista perheistä, ratkaisevaa oli sellaisen hoivan puuttuminen, joka on erityisesti tarpeen tietyn aivoalueen kehittymisessä; kyseinen aivoalue vaikuttaa kykyyn samastua toisten ihmisten kipuun ja kärsimykseen. Hoivan puute ja siitä seurauksena oleva empatian puute liittyivät läheisesti yhteen. Tämä vain korostaa sitä, kuinka kauas olemme poikenneet Jumalan tahdosta, että jokaisella tänne syntyneellä olisi äiti, joka kykenisi antamaan tätä hoivaavaa rakkautta.

Feminiinisyydessä on jotakin Jumalan antamaa, mihin vauva reagoi — se on feminiininen pehmeys. Kun isä pitää vauvaa sylissään, hänestä välittyy vauvaan jotakin aivan erilaista verrattuna äitiin. Vauva tuntee isän käsivarsien voiman, hänen rintansa lujuuden ja miehisen turvallisuuden ja selkeyden. Isän on tarkoitus antaa tunne selkeästä ulkomaailmasta, tunne "toisesta".

Kun sen sijaan äiti pitää vauvaa sylissään, se aistii lempeyden ja hellyyden, "johonkin uppoamisen" tunteen, ykseyden tunteen. Tämä ykseys on sitä, mitä kokemaan olemme syntyneet. Ei ole koskaan ollut tarkoitus, että tuntisimme olevamme yksin. Luodessaan meidät ihmiset Jumala ei koskaan tarkoittanut, että meidän tarvitsisi tuntea jääneemme oman onnemme nojaan. Kaikkein traumaattisinta lapselle on kokea, että hänet on hylätty. Hylätyksi tulemisen tunne — todellinen tai kuviteltu — on pahinta, mitä lapsi voi kokea. Joskus ihminen voi tuntea olevansa hylätty, vaikka hän olisi täysin rakastettu. Jos esimerkiksi lapsella on varhaislapsuudessa jokin sairaus ja hän joutuu sen vuoksi sairaalaan, äidin sydäntä särkee, kun hän joutuu eroamaan lapsestaan — mutta lapsi tuntee silti tulleensa hylätyksi. Lapsen oma kokemus (ja siihen liittyvät tunteet) on hylkääminen. Vihollinen tulee paikalle, korostaa tätä tunnetta entisestään ja toistaa valheitaan sanoen, että lapsi todella on hylätty.

Traumaattisin asia, mitä ihminen voi kokea, on läheisen kiintymyssuhteen puute. Se voi aiheuttaa sekä psyykkisiä että fyysisiä sairauksia. Meitä ei ole luotu olemaan yksin. Jumalan tarkoitus on aina ollut, että meillä olisi syvä yhteys toisiin ja tuntisimme yhteyden luoman siteen. Ensimmäinen side on tietenkin side äitiimme. Olemme syntyneet hänen ruumiistaan. Tutkijat ovat yhä enemmän tehneet havaintoja siitä, kuinka paljon vaikutteita vauva saa jo kohdussa ja kuinka suuressa määrin äidin tunteet (sekä kielteiset että myönteiset) välittyvät kohdussa olevalle vauvalle.

Jumala on luonut meidät ihmeellisellä tavalla. Tiesitkö, että se etäisyys, jonka vastasyntynyt vauva pystyy näkemään, on matka äidin rinnoilta äidin silmiin? Juuri niin pitkälle vauvan silmät näkevät — äidin rinnoilta äidin silmiin. Eikö se ole ihmeellistä! Äidin katseessa on jotakin erityistä, kun hän katsoo vastasyntynyttä vauvaansa. On hienoa nähdä se muutos, mikä tapahtuu nuoressa parissa, kun "kaksi" muuttuu "kolmeksi", ja tarkkailla ensimmäisen lapsensa saanutta nuorta naista. Hän on ollut raskaana yhdeksän kuukautta ja ollut aivan tyyni, mutta heti tultuaan äidiksi hän muuttuu. Hänen kasvoillaan on nyt äidillinen ilme, ja hänestä näkee selvästi, että hän on tullut äidiksi. Muutos tapahtuu nuoressa naisessa, joka on tunne-elämältään riittävän ehjä saamaan tämän lapsen. Vastasyntynyt lapsi pystyy ottamaan vastaan äitinsä rakastavan katseen. Äidin tapa katsoa vauvaansa tulvii hellyyttä ja rakkautta. Se pitää kokea, jotta sen voisi ymmärtää. Se on katse, joka on täynnä rajatonta rakkautta ja hellyyttä lasta kohtaan.

5 | Jumalan äidinsydän

Tiedämme, että äidinmaidon erittyminen vapauttaa myös hormonia, joka saa aikaan ja vahvistaa äidillisiä tunteita. Saadessani ensimmäisen lapseni olin sairaalan ainoa äiti, joka imetti vauvaansa. Tiedän, että trendi on nyt kääntynyt imetyksen puolelle, mutta siihen aikaan sitä pidettiin itse asiassa epäterveellisenä (näin eräs sairaanhoitaja minulle selitti!). Niinpä naisten rinnat sidottiin maidon erittymisen lopettamiseksi. Määrättiin lääkkeitä ja tehtiin erilaisia toimenpiteitä, jotta maidon tulo äidin rinnoista ehtyisi. Minulle tämä on merkki strategiasta, joka tähtää hoivaamisen loppumiseen ihmiskunnasta. Saattaa kuulostaa siltä, että seuraan tiettyä muotivillitystä, mutta kun katsoo kokonaiskuvaa, voi nähdä, että vihollinen ei halua ihmiskunnan saavan hoivaa. Rakkaus, joka on ihmiskunnan perintöosa, tulee (ainakin aluksi ja perustavanlaatuisesti) äidin kautta.

Yölliset ruokintahetket, jolloin keskellä yötä nousin imettämään lapsiamme, olivat hyvin läheisiä ja ihania. Olimme aivan kahden kesken, vauva ja minä. Vauva makasi sylissäni, joi maitoa ja katsoi minua suoraan silmiin. Tällaisina hetkinä katseyhteyden luoma intiimi läheisyys on parhaimmillaan.

Raamattu sanoo, että silmä on ruumiin lamppu: silmien kautta voimme nähdä suoraan ihmisen sieluun (Matt. 6:22–23; Luuk. 11:34). Kun äiti katsoo vauvan silmiin ihailevasti hymyillen, jotakin välittyy syvälle pienen lapsen sydämeen. Jokin sanoo vauvalle: "Olet tervetullut. Olet minun. Kuulut tänne." Välittyypä se sanojen kautta tai sanattomasti — silmien, äänen tai kosketuksen kautta — vauva alkaa oppia jotakin hyvin tärkeää. Alkukantaisella tasolla se alkaa tajuta olevansa paikassa, jonne se on tervetullut. Käsitteitä tai sanoja syvemmällä tasolla vauva tietää: "Minun kuuluu olla täällä. Tänne minä kuulun."

Ihmisinä meillä on valtava tarve tuntea, että kuulumme jonnekin: juuri täällä minun on yksilönä tarkoitus olla, ja tämä on minun kotini. Äiti on se, joka ensimmäisenä antaa meille tämän kuulumisen tunteen. Hän tekee sen katseensa kautta ja välittää myös sanallisesti syvän tunteen siitä, että olemme tervetulleita — sanojensa, äänensävynsä ja puhemelodiansa kautta.

Äidin ääni on luonteeltaan ainutlaatuinen. Vauva ei voi ymmärtää sanoja älyllisesti vaan tajuaa ne paljon syvemmällä tasolla. Vauvan henki tietää! Ihmisen hengessä on antenni, joka poimii puhuttujen sanojen olennaisen, taustalla olevan merkityksen.[35] Jeesus tiesi tämän, kun hän sanoi: "Ne sanat, jotka olen teille puhunut, ovat henki ja elämä" (Joh. 6:63). Jokin ihmisen hengessä kuulee ja ymmärtää, mitä puhutaan. Se herättää meidät eloon. Vihollisen sanat ovat sitä vastoin henki ja kuolema. Sanat kantavat joko elämää tai kuolemaa, kuten Sananlaskut 18:21 sanoo: "Kielen varassa on elämä ja kuolema — niin kuin kieltä vaalit, niin korjaat hedelmää."

Kun äiti kommunikoi äänellään lapsensa kanssa, jotakin välittyy pienen lapsen sydämeen ja elämään. Lapsi tulee yhä tietoisemmaksi äidin äänestä, joka kaikuu kohdun sisällä. Kun lapsi herää yöllä peloissaan nähtyään ehkä pahaa unta, hän rauhoittuu äidin tullessa huoneeseen ja ottaessa hänet syliin hyräillen tyynnyttelevää sävelmää. Kehtolaulut liittyvät luontaisesti äidin ääneen, joka rauhoittaa ja tyynnyttää lapsen sydämen. Jo hedelmöityksestä lähtien lapsi

---

35. Paul Tournier siteeraa tieteellisiä tutkimuksia kirjoittaessaan seuraavaa: "[on] (- -) ilmeinen tosiasia (- -) että sikiö kuulee äidin äänen kohdussa ollessaan, ainakin raskauden myöhäisempinä kuukausina. (- -) Odottavat äidit, syntymätön lapsenne kuulee äänenne. Se kuulee myös sydämenne lyönnit ja hengityksenne rytmin. Se tallentaa kaiken tiedostamattomaan mieleensä ikuisiksi ajoiksi. Täydellinen rakkaus, joka oli äidin ja lapsen välillä raskausaikana, oli paljon enemmän kuin tunne, paljon enemmän kuin voimakas tunneilmiö. Se oli persoonien välistä yhteyttä." Paul Tournier: *What's in a Name?*, SCM Press Ltd., 1975.

5 | Jumalan äidinsydän

on kuullut äidin äänen. Hänen äänensä sointi tunkeutuu syvälle lapsen olemukseen, hänen elämänsä perustaan asti.

Jumalan tarkoitus oli, että kuulisimme äidin äänen ja ottaisimme vastaan häneltä elämän sanoja — rauhoittavia ja lohduttavia sanoja.

Jumala sanoo: "Lohduttakaa, lohduttakaa minun kansaani" (Jes. 40:1). Hänen sanansa ovat lempeitä. Hänen syvä halunsa on puhua lohduttavia ja lempeitä sanoja. Äidin äänen lempeä sointi tunkeutuu suoraan sellaiseen sydämeen, jonka perustana on hänen rakkautensa ja hoivansa. Paavali ymmärsi tämän, kun hän kirjoitti Efesoksen uskoville rukoillen, että rakkaus olisi heidän elämänsä perustus ja kasvupohja (sekä yksilöinä että yhteisesti) (Ef. 3:17). Näin ei ole tapahtunut monien meidän kohdalla luonnollisen hedelmöityksen, syntymän ja varhaislapsuuden aikana, mutta ihana totuus on se, että Isä Jumala voi tulla ja hän voi juurruttaa meidät oman rakkautensa perustukseen. Miksi? Siksi, että olemme tulleet hänestä. Olemme tulleet äitimme *kautta*, mutta olemme *saaneet alkumme* hänestä.

Sinä ja minä saimme alkumme hänen sydämessään jo kauan ennen kuin saimme alkumme äitimme kohdussa. Hän on elämämme lähde. Voimme jäljittää syntyperämme luonnollista hedelmöitystä pitemmälle ja kohdata Jumalan tässä alkuperäisen rakkauden paikassa. Voimme kohdata hänet alkulähteen äärellä — paikassa, johon kuulumme. Hän, joka on kaiken lähde, voi tulla luoksemme ja antaa meille sitä aitoa, alkuperäistä hoivaa, jota sydämemme niin kipeästi tarvitsee.

Olemme nähneet palvelutyössämme suuria parantumisihmeitä ihmisten elämässä, kun Isä Jumala on tullut — äitinä — ja koskettanut syvästi heidän henkeänsä. Hän on tullut koskettamaan ihmisen elämän perustuksia, ihmisen sisintä olemusta. Hän tulee luoksesi, ei ainoastaan isänä, vaan hän haluaa olla sinulle myös äiti.

Kasvuiässä meillä on syvä tarve saada tällaista rakkautta. Ei ole kyse pelkästä toiveesta: olisipa hienoa, jos voisin saada sitä. Ei. Siinä määrin kuin olet saanut hoivaavaa rakkautta, siinä määrin olet tunne-elämältäsi ehjä ihminen. Ja päinvastoin: siinä määrin kuin *et ole* saanut sitä, siinä määrin tarvitset Isää, että hän vuodattaisi sydämeesi lohduttavaa rakkauttaan. Isä *haluaa* tulla laskemaan perustan, niin että elämäsi juuret voivat mennä syvälle ehdottoman rakkauden maaperään.

Jos psyykemme ei ole juurtunut syvälle rakkauteen, näemme siitä kielteisiä seurauksia elämässämme. Uskon sen olevan paljolti syynä siihen vihamielisyyteen, kiukkuun, turvattomuuteen ja masennukseen, joka on kovin yleistä nykykulttuurissamme. On tyhjyyttä, koska ihmisten psyyke on vailla hoivaavan rakkauden runsasravinteista maaperää. James ja minä olemme asuneet kristillisissä kommuuneissa, jotka ovat myös palvelutyön keskuksia, ja kodissammekin on asunut monia ihmisiä vuosien mittaan. Monet näistä ihmisistä ovat sanoneet meille, että heistä tuntuu kuin he seisoisivat mustan aukon reunalla, kuilun partaalla, johon he voivat tipahtaa ja vajota alas ikuiseen pimeyteen, ilman mitään pelastumisen toivoa. Puhuttuani tuhansien tällä tavoin tuntevien ihmisten kanssa uskon todellakin, että he kuvailevat sitä tyhjiötä, joka on syntynyt hoivaamisen puutteesta. Sen seurauksena heidän psyykensä maaperässä ei ole minkäänlaista turvallisuuden tunnetta. Heillä ei ole aavistustakaan, selviävätkö he elämässään, mutta he kompuroivat eteenpäin teeskennellen ja yrittäen olla vahvoja. Heillä ei ole sisimmässään tunnetta omasta ainutlaatuisesta identiteetistään. Mikään ei tule sydämestä, koska sydän on mennyt täysin kiinni tai ei ehkä ole koskaan edes herännyt.

Feminiininen rakkaus on ainoa rakkaus, joka voi antaa meille tarvitsemamme perustan. Toistan sen, mitä olen jo aikaisemmin sanonut: kun feminiinisyyttä väheksytään ja se tuhotaan eikä se niin ollen kykene hoivamaan, siitä aiheutuu valtavia jälkiseurauksia kulttuurillemme ja yhteiskunnallemme. Feminiinisyys on tarkoitettu olemaan elämän lähde. Eevan nimeksi annettiin kaiken elävän äiti, mutta rikkinäisyytemme takia voitaisiin usein melkein sanoa, että feminiinisyydestä on tullut kaiken kuolleen äiti! Voimme syntyä hänen kauttaan fyysiseen elämään mutta silti tunne-elämässä vallitsee joskus kuolema.

Tämä saattaa kuulostaa järkyttävältä, mutta todellisuus on se, että monet ovat kokeneet — päinvastoin kuin olisi pitänyt — että äidin ja lapsen välisessä suhteessa äiti on tosiasiassa ollut lapsi ja imenyt kaiken elämän lapsestaan. Tällaisessa tilanteessa olevat ovat tunteneet lapsesta asti vastuuta huolehtia omasta äidistään ja "hoivata" häntä. Sen seurauksena he ovat kasvaneet valtavassa tyhjiössä. Kun he olisivat tarvinneet hoivaamista, heidän onkin ollut pakko itse tulla hoivaajiksi. Heidän on odotettu ammentavan tyhjästä kaivosta. Ylikorostuneen vastuuntuntonsa vuoksi he tuntevat olevansa vastuussa koko maailmasta! Olen keskustellut nuorten naisten kanssa, jotka ovat jääneet siinä määrin vaille hoivaamista elämässään, että he haluavat hankkia lapsen saadakseen jonkun, joka, kuten he sanovat, "rakastaisi minua ilman ehtoja". Surullista kyllä, moni nuori nainen on hankkinut lapsia juuri tästä syystä, ja niin lapsi saa alkunsa ja syntyy ihmiselämän rikkinäisyyden ilmauksena. Luonnollinen järjestys on kääntynyt ylösalaisin: lapsesta tulee vanhempi!

Monet miehet ovat kasvaneet tuntien vääjäämätöntä vetoa naisiin, ja samaan aikaan kuitenkin sisäinen ääni heissä huutaa: "Päästäkää minut pois täältä!" On valtava kaipuu ja tarve tulla rakastetuksi ja saada hoivaa. Toisaalta he eivät ole koskaan pystyneet täyttämään äitinsä tarpeita, toiveita ja haluja. Monet ovat kasvaneet tilanteessa, jossa heidän oman äitinsä tarvitsevuus on imenyt heistä kaiken. Tämän seurauksena sekä miehet että naiset juoksevat naisten luo saadakseen syvän tarpeensa tyydytetyksi, mutta tyydytystä ei voida saavuttaa puhtaalla ja pyhällä tavalla. Pornografia on todellisuudessa vain sitä, että "pieni poika" tai "pieni tyttö" toteuttaa tarvettaan saada hellyyttä ja lempeyttä. He eivät ymmärrä, että pornografia on tämän tarpeen äärimmäisen rikkinäinen ja vaurioitunut ilmaus, joka ennemmin tuhoaa kuin parantaa. Pornografiset kuvat lupaavat paljon, mutta pystyvät tuomaan vain lisää kipua, lisää rikkinäisyyttä ja lisää häpeää.

Seurakunnissakin on monia ihmisiä, jotka ovat kiinni tämän kaltaisissa ongelmissa: toisaalta he juoksevat naisia pakoon, toisaalta tarvitsevat suuresti feminiinistä kontaktia. Monet miehet koettavat saada kaikki "äidin tarpeensa" tyydytettyä vaimonsa kehon kautta. Monet naiset ovat kertoneet minulle: "Tunnen olevani hänen äitinsä. Ei ole kyse meidän aviosuhteestamme, vaan on kyse hänestä ja hänen äidistään." Naista ei rakastakaan hänen sulhasensa vaan pieni poika, jolla on lapsen tarpeet, vaikka ne ilmenevät aikuisen miehen ruumiissa. Kaikki tulee ilmi aviovuoteessa, ja niin nainen sulkeutuu emotionaalisesti ja seksuaalisesti, ja mies tuntee itsensä entistä hylätymmäksi ja alkaa etsiä muita tapoja tyydyttääkseen tarpeensa. Tämä on hyvin yleistä, ja se särkee sydämeni. Ollessamme pastoreina seisoin joskus seurakuntamme edessä ja saatoin nähdä, mitä todella tapahtui ihmisten sisimmässä — hyvien ihmisten, jotka rakastivat Jumalaa ja yrittivät elää puhdasta ja pyhää elämää. He olivat tehneet jatkuvasti parannusta asioista, kuten himosta, ja kuitenkin sekä miehiä että naisia veti jokin, joka oli paljon syvemmällä kuin heidän ymmärryksensä. He luulivat olevansa läpeensä pahoja, kaiken avun

5 | Jumalan äidinsydän

saavuttamattomissa, ja kuitenkin heidän ongelmansa oli hyvin perusluonteinen. Todellisuudessa heidän elämänsä juuret eivät olleet menneet syvälle siihen puhtaaseen ja pyhään rakkauteen, jonka Jumala oli heille tarkoittanut.

Jumala on tullut ilmaisemaan itsensä, ei ainoastaan Isänä vaan myös "Äitinä". Hän voi ilmaista itsensä "sellaisena, jolla on rinnat", sellaisena, jonka luo voi tulla saamaan hoivaa. Voit saada sellaista hoivaa, mikä ei tuhoa sinua vaan pikemmin rakentaa elämääsi. Hänen feminiininen rakkautensa vahvistaa sinua elämään pyhyydessä, koska nyt ammennat läheisyyden lähteestä ja tunnet kuuluvasi johonkin.

Kuningas Daavid, Israelin paimenkuningas, osasi käyttää hyväkseen El Shaddain antamaa hoivaa. Häntä painoi suunnaton vastuu sotajoukon päällikkönä ja kansakunnan rakentajana, mutta psalmissa 131 hän sanoo:

Herra, sydämeni ei ole korskea eivätkä silmäni ylpeät. Minä en ole tavoitellut suuria, en pyrkinyt liian korkealle. Ei, olen löytänyt rauhan, mieleni on tyyni. Niin kuin kylläinen lapsi lepää äitinsä sylissä, niin on minun mieleni levollinen.

Hän puhuu tässä itsestään pienenä lapsena äitinsä rinnoilla. Israelin suurin kuningas näkee itsensä tällä tavoin. Hän ei puhu tässä siitä, että hänet olisi "vieroitettu" (vrt. vuoden 1933 käännös) rintamaidosta syömään kiinteää ruokaa. Tässä käytetty sana sisältää merkityksen, että lapsi on täysin tyydytetty, täynnä äidinmaitoa ja makaa maidosta kylläisenä ja unisena äidin rinnoilla. Kuvittele mielessäsi kuningas, joka on pannut pois kaikki valtiolaivan raskaat taakat ja makaa kylläisenä El Shaddain rinnoilla.

Yksi tapa oppia läheisyyttä ja pyhyyttä samanaikaisesti on se, että meitä ruokitaan äitimme rinnoilla. Siinä on jotakin hyvin intiimiä ja samalla pyhää. Tässä kokemuksessa intiimiys ja pyhyys kutoutuvat yhteen. Ellemme saa sitä ja ellei tämä syvä rakkaus ole elämämme perustus ja kasvupohja, etsimme sitä aina ja kaikkialta. Emme ikinä saa tyydytystä mistään muusta. Olemme alinomaa etsimässä sitä. Romanttiset rakkaussuhteemme voivat jossakin määrin tyydyttää sitä, mutta sieluamme kalvaa aina vielä syvempi tarve.

Me tarvitsemme jatkuvasti Isää — eikä vain hänen maskuliinista puoltaan vaan myös feminiinistä. Kiitos Jumalalle, että voimme tulla hänen luokseen saamaan hänen hoivaavaa rakkauttaan. Voimme tulla hänen rinnoilleen ja löytää sieltä intiimin läheisyyden ja parantumisen. Voimme löytää sieltä syvän yhteenkuuluvuuden tunteen.

Jesaja 49:15 sanoo: "Unohtaako äiti rintalapsensa, unohtaisiko hoivata kohtunsa hedelmää? Vaikka hän unohtaisikin, minä en sinua unohda."

Tässä Isä Jumala vertaa itseään äitiin, ja nimenomaan *imettävään* äitiin.[36] Hän vertaa itseään äitiin, jonka rintoihin maito on noussut, niin että ne ovat pakahtumaisillaan maidosta. Oksitosiinihormonia on alkanut erittyä, ja hän ilmaisee "maitoa täynnä olevan" äidin kaikkea hellyyttä. Hän ilmaisee sellaista rakkautta, joka on valmis nousemaan sata kertaa yössä sinun takiasi, sellaista rakkautta, joka on valmis jopa kuolemaan puolestasi. Jos itket ollessasi sairas tai peloissasi, tällainen rakkaus on aina saatavillasi. Tämä on rakkautta, jolla ei ole loppua. Se aina vain jatkuu ja jatkuu, loputtomiin!

---

36. On kiinnostavaa, mitä Jean Calvin, reformoitu teologi, on sanonut tästä raamatunkohdasta: "Jumala ei tyytynyt olemaan esimerkki isästä, vaan ilmaistakseen hyvin vahvaa rakkauttaan hän päätti verrata itseään äitiin, eikä kutsu kansaansa pelkästään lapsiksi vaan kohtunsa hedelmäksi, jota kohtaan tavallisesti tunnetaan vielä lämpimämpää kiintymystä." Lainaus Calvinin teoksesta *Commentaries, Volume 8: Isaiah 33–66*, Baker Books, 2005.

5 | Jumalan äidinsydän

Äidin rakkaus ei koskaan lakkaa. Äiti, joka on yhteydessä omaan Jumalalta tulleeseen äidinrakkauteensa, ei ikinä lakkaa rakastamasta, olkootpa olosuhteet millaisia hyvänsä. Tämänlaatuinen rakkaus ei lopu koskaan. Muistan kuulleeni tarinan, joka kuvaa tätä hienosti. Työntekijät olivat raivaamassa savuavaa maastoa metsäpalon jäljiltä, kun he löysivät hiiltyneen linnun jäännökset. Siirrettyään sitä sivummalle he näkivät yhtäkkiä liikettä. Kuolleen emolinnun siipien alla oli linnunpoikasia, jotka olivat jääneet eloon emon suojeltua niitä raivoavalta liekkimereltä. Emo oli jäänyt paikoilleen, vaikka olisi voinut lentää turvaan. Se oli mieluummin valmis kuolemaan kuin jättämään poikasensa heitteille. Se rakkaus, jota äiti tuntee, ei lopu koskaan. Äidinrakkaudella ei ole mitään rajaa. Minulle on täysin selvää, että tämä pieni tarina kuvaa elävästi sitä, millainen Jumala on.

"Unohtaako äiti rintalapsensa, unohtaisiko hoivata kohtunsa hedelmää?" Syntiinlankeemuksen turmelema äitiys voi todellakin mahdollistaa sen, että äitikin unohtaa ja että häneltä puuttuu hoivaavaa myötätuntoa. Mutta Jumala huudahtaa: "Vaikka hän unohtaisikin, minä en sinua unohda!" Hän on suurempi ilmaus äitiydestä kuin kukaan inhimillinen, täydellisesti hoivaava äiti. Hän on äitiyden alkuperäinen lähde ja ilmaus. Hän sanoo: "Minulla on rajattomasti suurempi kyky lohduttaa sinua ja rakastaa sinua hellästi."

Hieman myöhemmin samassa profetiassa puhutaan Jerusalemista seurakunnan vertauskuvana. Jumalan tarkoitus oli, että Jerusalem olisi maailmassa sitä, mitä seurakunnan tehtävä on nyt olla maailmassa. Jumala sanoo profeetan suulla (Jes. 66: 10–13):

Iloitkaa Jerusalemin kanssa, riemuitkaa kaupungin tähden, te kaikki, jotka sitä rakastatte! Juhlikaa riemuiten sen kanssa, te kaikki, jotka sitä suritte.

> Niin te saatte imeä, tulla kylläisiksi lohtua antavista rinnoista, saatte nauttia, juoda yltäkyllin sen voiman ja mahdin nisistä.

Hän puhuu profeetallisesti siitä, kuinka hänen rakkautensa tulee ilmi seurakunnan kautta:

> Näin sanoo Herra: "Katso, minä ohjaan Siioniin rauhan kuin virran. Kuin uomastaan tulvivan puron minä käännän sen luo kansojen rikkaudet. Sen imeväisiä kannetaan sylissä ja keinutellaan polvien päällä.
>
> Niin kuin äiti lohduttaa lastaan, niin minä teitä lohdutan, Jerusalemin onni antaa teille täyden lohdun.

Tässä se on!

> Niin kuin äiti lohduttaa lastaan, niin minä teitä lohdutan. Ja te saatte täyden lohdun!

Niin kuin äiti lohduttaa lastaan! Eikö se ole ihmeellistä? Tapa, jolla äiti lohduttaa lastaan, on erilainen verrattuna isän tapaan lohduttaa lastaan. Äidit ja isät antavat lohdutusta täysin eri tavalla. Jos pikkulapsi esimerkiksi kaatuu pihalla ja juoksee sisälle itkien naarmuuntunutta polveaan, isä yleensä — jos hän sattuu paikalle ensimmäisenä — kumartuu lapsen puoleen, taputtaa häntä hiukan ja sanoo: "Olet ihan kunnossa. Menehän taas leikkimään. Kaikki on hyvin!" Tällä tavoin isä lohduttaa, ja se on isälle aivan oikea tapa lohduttaa, koska isän tehtävä on vahvistaa ja voimistaa.

Yleensä lapsi kuitenkin pyrkii juoksemaan isän ohi äidin luo, koska äiti lohduttaa aivan eri tavalla. Äiti kumartuu kaappaamaan lapsen syliinsä ja pitää häntä hyvänä, tyynnyttelee häntä ja antaa hänen itkeä. Äiti lohduttaa.

Jumala sanoo: "Sinä tulet lohdutetuksi lohtua antavista rinnoista. Niin kuin äiti lohduttaa — eri tavalla kuin isä — niin minä sinua lohdutan!"

5 | Jumalan äidinsydän

Hän tulee luoksemme ja kohtaa meidät seurakuntana, uutena Jerusalemina, lohduttaakseen meitä samalla tavoin kuin äiti lohduttaa — lohtua antavista rinnoistaan. Hän antaa meille rauhan niin kuin virran. Yksi piirre ihmisessä, joka ei ole kokenut hoivaamista, on rauhattomuus. Sisimmässä on jotakin, mikä ei pysty lepäämään; jokin on jatkuvasti liikkeessä kuin levottomat aallot. Monet eivät kestä hiljaisuutta. Hiljaisuus pelottaa heitä. Tullessaan kotiin he avaavat välittömästi radion tai television. He kammoksuvat hiljaisuutta ja haluavat täyttää sen kaikenlaisella hälinällä. Henkilön, joka ei ole saanut hoivaa, on hyvin vaikea levätä ja olla hiljaa. Jumala sanoo: "Jos tulet tähän paikkaan, annan sinulle rauhan niin kuin virran — ja lohdutan sinua niin kuin äiti lohduttaa." Meillä on syvä ja yleismaailmallinen tarve. Ei ainoastaan saada rakkautta isältä. Maailma ei ole ainoastaan isätön. Maailma on todellakin äiditön. Maailma tarvitsee äitiä, ja meidän tehtävämme seurakuntana on olla sille äiti.

6 | Rakkauden pilvi

> *Henkeni erottaessa tulevaisia ja kurkottautuessa koskettamaan ihmiskunnan sydäntä ja Jumalan kaipausta voin nähdä, että taivaasta on tulossa voimalla uusi Pyhän Hengen ilmestyminen. Tuo uusi ilmestyminen on tapahtuva suloisuudessa, rakkaudessa, hellyydessä ja Hengen voimassa, ja se ylittää kaiken sen, mitä sydämenne tai mielenne on koskaan nähnyt. Jumalan salama leimahtaa läpi ihmissielujen. Jumalan lapset kohtaavat pimeyden lapset ja voittavat.* — John G. Lake

Muutama vuosi sitten koin jotakin, mistä minulle kävi täysin selväksi, mikä Isän sydän ja tarkoitus todella on. Olin palaamassa kotiin Uuteen-Seelantiin palveltuani Euroopassa ja käväisin matkalla Sydneyssä tapaamassa tytärtäni Amandaa. Ollessani siellä sain kutsun tulla puhumaan paikalliseen seurakuntaan seuraavana sunnuntaina. Koska olen melko haluton puhumaan, mieheni James on antanut minulle pienen neuvon. Hän on sanonut minulle: "Milloin tahansa saat kutsun puhumaan, vastaa heti kyllä, ajattelematta asiaa ollenkaan, koska jos alat ajatella liikaa, et koskaan suostu puhumaan missään." Hetken epäröityäni suostuin siis puhumaan siellä seuraavana sunnuntaina. Minulla oli kokonainen viikko aikaa etsiä Herraa ja saada sanoma puhuttavaksi seurakunnalle.

Aikaeron vuoksi minun oli vaikea nukkua, ja eräänä yönä heräsin noin kahden aikaan yöllä. Välittömästi herättyäni olin tietoinen Jumalan käsinkosketeltavasta läsnäolosta, joka täytti koko huoneen. Ei olisi liioiteltua väittää, että se oli voimakkaimpia Jumalan läsnäolon kokemuksia, mitä minulla on ikinä ollut. Jos Herra olisi ilmestynyt fyysisesti silmieni eteen, se ei olisi ollut yhtään todellisempaa kuin se, mitä koin sinä yönä. Ilma oli sähköinen hänen läsnäolostaan. Minusta tuntui kuin jokainen solu ruumiissani olisi ladattu täyteen Jumalan elävää sanaa. Sinä hetkenä minusta tuntui kuin olisin päässyt sisälle kaikkeen tietoon, kuin kaikki asiat olisivat paljastuneet minulle ja olisin tiennyt kaikki salaisuudet. Minusta tuntui, että olisin voinut nimetä kaikki galaksien lukemattomat tähdet. Niin kuin Aadam antoi eläimille nimet, joilla ne sen jälkeen tunnettiin, tiesin, että Jumala oli todellakin tarkoittanut antaa ihmiskunnalle herruuden. Jumala luotti Aadamiin, ja tuon kokemuksen aikana tiesin, millaista se oli. Hänen läsnäolossaan mikään ei ollut minulta salassa. Kaikki oli paljastettua. Minusta tuntui, että tiesin monia, monia raamatunkohtia tarvitsematta opetella niitä, koska ne olivat minussa, ne asuivat olemukseni ytimessä.

Valitettavasti tai onneksi — riippuen siitä, miten asian näkee — kun Herran läsnäolo lähti, kaikki tuo tietokin lähti sen mukana. Olin taas normaalitilassani. Kokemuksen mentyä ohi en ollut sen tietävämpi kuin silloin, kun olin illalla mennyt nukkumaan. Mutta tuon kokemuksen aikana tuntui siltä kuin täydellinen tieto olisi ollut läsnä minussa.

Oli kuitenkin joitakin asioita, joita Jumala puhui minulle ja jotka muistin senkin jälkeen, kun hänen käsinkosketeltava läsnäolonsa oli lähtenyt pois. Eräs asia teki minuun erityisen suuren vaikutuksen. Hän sanoi hyvin painokkaasti: *"Lasken uuden rakkauden perustan seurakuntaani."* Kuullessani tämän ajattelin välittömästi: "Tässä on sunnuntain sanoma! Nyt sain sen!" En tajunnut, että se oli ensi sijassa sana omalle sydämelleni, mutta sillä oli myös syvät ja kauaskantoiset seuraukset koko Kristuksen ruumiille.

Uusi rakkauden perusta seurakunnalle! Miettiessäni tätä mieleeni tuli sitaatti, jonka olin lukenut ja kirjoittanut Raamattuni esilehdelle. Sen oli lausunut John G. Lake, jonka kautta Jumala teki voimakkaita ihmeitä ja tunnustekoja, erityisesti Etelä-Afrikassa. Elämänsä loppuvaiheessa hän sanoi näin:

> *Henkeni erottaessa tulevaisia ja kurkottautuessa koskettamaan ihmiskunnan sydäntä ja Jumalan kaipausta voin nähdä, että taivaasta on tulossa voimalla uusi Pyhän Hengen ilmestyminen. Tuo uusi ilmestyminen on tapahtuva suloisuudessa, rakkaudessa, hellyydessä ja Hengen voimassa, ja se ylittää kaiken sen, mitä sydämenne tai mielenne on koskaan nähnyt. Jumalan salama leimahtaa läpi ihmissielujen. Jumalan lapset kohtaavat pimeyden lapset ja voittavat.*

Lukiessani tämän ensimmäisen kerran se teki minuun suuren vaikutuksen. Tämä mies oli kokenut Jumalan voimaa ihmeellisellä tavalla. Ajattelin, että jos voisin kokea sitä, mitä hän oli kokenut, voisin kuolla onnellisena! Hän sanoi, että uusi ilmestyminen tapahtuisi "suloisuudessa, rakkaudessa, hellyydessä" — se olisi jotakin sellaista, mitä sinä ja minä emme olisi koskaan ennen nähneet. Se, mitä John G. Lake näki tapahtuvan tulevaisuudessa, olisi suurempaa kuin mikään, mitä hän oli nähnyt koko elinaikanaan.

Aloin miettiä kaikkea sitä voiman ilmenemistä, mitä on tapahtunut sellaisten ihmisten kuin John G. Laken ja muiden kirkkohistorian suurten esitaistelijoiden kautta. Heistä on tullut tunnettuja nimiä ihmetekojen voitelun ansiosta. Heidän palvelutöissään on nähty uskomattomia ihmeitä ja merkkejä, erityisesti viime vuosisadalla. Siitä huolimatta tämä olisi jotakin, mikä ylittäisi kaiken entisen, jotakin täysin erilaista. John G. Lake näki tulevaisuudessa sellaisen Jumalan liikkeen, joka olisi äärettämän paljon suurempi kuin mikään aikaisemmin nähty, ja sen tunnusmerkkeinä olisi suloisuus, rakkaus ja hellyys. En usko, että olemme nähneet ihmeitä, merkkejä ja elämänmuutoksia, jotka ovat tulleet "suloisuudessa, rakkaudessa ja hellyydessä". Olemme nähneet uskon ja voimatekojen ilmenemistä. Olemme jopa nähneet voitelun tulevan tavalla, jota voisi kutsua "kovaksi", vaikka se on tullut Hengestä ja on toiminut. Sellaiset menetelmät, joita Smith Wigglesworth käytti, olivat hyvin menestyksekkäitä ja olivat kiistatta samassa linjassa Pyhän Hengen kanssa, mutta niiden ei oikein voi sanoa tapahtuneen suloisuudessa, rakkaudessa ja hellyydessä. Yleisvaikutelma niistä oli hieman erilainen: ne tulivat pikemminkin voimalla ja energialla kuin suloisuudessa ja hellyydessä.

Mutta rakkaat ystävät, jotakin erilaista on tulossa! Olemukseltaan erilaista, laadultaan erilaista, menettelytavaltaan erilaista. Erilaista kuin mikään, mitä olemme aikaisemmin nähneet, ylitse kaiken sen, mitä sydämemme ovat ikinä kokeneet. Ollessani keskellä tuota kokemusta yöllä Herran kanssa saatoin nähdä sen kaiken. Saatoin nähdä, että Jumala tekee uutta ja se tulee suloisuudessa, hellyydessä ja rakkaudessa.

Puhuessani aivan ensimmäistä kertaa Isän äidillisestä sydämestä Jack Winter, joka oli hengellinen isämme ja jonka palvelutyö oli nykyisen palvelutyömme kasvualusta, teki paljonpuhuvan huomion. Hän sanoi: "Luulenpa, että kun puhumme Isän rakkauden kokemisesta, *todellisuudessa* onkin kyse Jumalan äidinsydämen vuodatuksesta."

Uskon todella niin! Miksi uskon niin? Siksi, että se tulee eri tavalla. Tulipa se miehen tai naisen kautta, puhuimmepa Jumalasta erityisesti Isänä tai emme, olennaista on hänen lempeytensä, hänen armonsa, hänen laupeutensa ja hänen rakkautensa. Nämä ominaisuudet liittyvät tavallisesti feminiinisyyteen. Yleensä isän tehtävä elämässämme on vahvistaa meitä, antaa meille näkyä ja voimaa mennä paikkoihin, joissa emme ole ennen olleet, auttaa meitä ottamaan riskejä. Isä antaa meille identiteetin ja maskuliinista voimaa voidaksemme mennä eteenpäin ja saattaa voimaan Jumalan valtakunnan hallintavallan. Isä sanoo: "Minä uskon sinuun. Sinä pystyt siihen!"

Jumala on asettamassa paikoilleen uutta perustusta. Hän on alkanut vuodattaa rakkauttaan seurakunnan perustaksi, kuten se alussakin oli. Uskon, että se ylittää kaiken, mitä on tähän mennessä koettu kirkkohistorian aikana. Elämme aivan alkuvaiheita siinä, että Jumala ilmoittaa itsensä isänä. Hän on paljon parempi isä kuin olemme voineet edes uneksia. Hän on isä, jolla on kaikki hyvät maskuliiniset ominaisuudet voidakseen vahvistaa meitä ja lähettää meidät eteenpäin. Mutta hän on myös isä, joka rakastaa hellällä äidinrakkaudella ja joka ymmärtää, on myötätuntoinen, armollinen ja lohduttava. Kaikki nämä ominaisuudet ovat hänessä, ja näinä päivinä hän on alkanut ilmestyä tällaisena.

Käydessäni ajatuksissani uudelleen läpi tuon yön tapahtumia odotin myös seuraavan sunnuntain tilaisuutta. Minulla ei oikeastaan ollut mitään hyvin valmistettua saarnaa, vaan ajattelin vain kertoa ihmisille Jumalan rakkaudesta. Seurakunta, jossa minun oli määrä puhua, oli hyvin aktiivinen ja päämäärätietoinen seurakunta. Heillä oli näky julistaa evankeliumia Sydneyssä, Australiassa ja vielä kauempanakin. Lähetystyöllä oli seurakunnassa erittäin tärkeä sija. Noustessani puhumaan sinä sunnuntaina aloin puhua Jumalan rakkaudesta ja siitä, millainen Isä todella on. Puhuin hänen rakkaudestaan, hänen myötätunnostaan, hänen laupeudestaan ja hyvyydestään, hänen armostaan ja lempeydestään.

Silloin tapahtui jotakin erityistä. Puhuessani aloin huomata, että huoneeseen tuli ikään kuin usvaa. Se leijui hyvin kevyesti seinien läpi salin takaosaan ja alkoi muodostua pilveksi. Pilvi liikkui ja laajeni ja täytti vähitellen koko huoneen. Olin todellakin Hengessä enkä ollut varma, kummilla silmillä näin sen. Katselinko fyysisillä silmilläni vai näinkö hengellisen näyn? Se tuntui minusta niin luonnolliselta ja itsestään selvältä, ettei mieleeni tullut kysyä keneltäkään muulta, näkivätkö hekin sen.

Kun pilvi liikkui eteenpäin salissa, seurakunnassa alkoi tapahtua kummallisia asioita. Se, mitä tapahtui, ei ollut normaalia eikä todennäköistä tässä seurakunnassa. Jotkut seurakuntalaiset liukuivat kevyesti tuolilta lattialle. Jotkut nauroivat, toiset itkivät. Koko seurakunta oli salissa liikkuvan jumalallisen läsnäolon pilven painon alla.

Katsellessani pilveä halusin sanoa jotakin. Halusin sanoa: "Isä on täällä", koska olin puhunut hänen rakkaudestaan. En kuitenkaan tuntenut hengessäni vapautta sanoa niin. Ne eivät olleet soveliaita sanoja puhuttavaksi. Sitten ajattelin sanoa: "Jeesus on täällä", mutta jotenkin en saanut sanoja ulos suustani. En edes saanut sanotuksi, että se oli Pyhä Henki. Lopulta kykenin sanomaan vain: *"Rakkaus on tullut! Rakkaus on täällä!"* Kutsuisin sitä täydelliseksi kolmiyhteisen Jumalan kokemukseksi, johon Isä, Poika ja Pyhä Henki tulivat asumaan. Koska Jumala oli tullut ja Jumala *on* rakkaus, rakkaus oli tullut. Kun kolmiyhteinen Jumala tulee luoksemme, rakkaus itse tulee, sillä Jumala *on* rakkaus, ja jumalallinen rakkaus oli vahvasti todellinen juuri silloin.

Sitten aloin kokea jotakin samaa kuin olin kokenut edellisenä torstaiyönä. Raamatun sanat tulivat voimakkaan eläviksi minulle. Monia asioita alkoi tapahtua seurakuntalaisten keskuudessa pilven laajetessa ja liikkuessa pitkin salia. Huomasin näkeväni välähdyksenomaisen ilmestyksen. Efesolaiskirje 3:14–19 avautui minulle. Näissä jakeissa apostoli Paavali sanoo:

Tämän vuoksi minä polvistun Isän eteen, hänen, jonka asemaa jokainen isän ja lapsen suhde taivaassa ja maan päällä kuvastaa. Rukoilen, että hän sanomattomassa kirkkaudessaan hengellään vahvistaisi ja voimistaisi teidän sisäistä olemustanne. Näin Kristus asuu teidän sydämissänne, kun te uskotte, ja rakkaus on elämänne perustus ja kasvupohja. Silloin te kykenette yhdessä kaikkien pyhien kanssa käsittämään kaiken leveyden, pituuden, korkeuden ja syvyyden, ja voitte tajuta Kristuksen rakkauden, joka ylittää kaiken tiedon. Niin Jumalan koko täyteys valtaa teidät.

Erityisesti minuun vaikutti seuraava kohta: hänen täytyy *vahvistaa ja voimistaa* hengellään meidän sisäistä olemustamme, jotta voisimme kohdata Jumalan koko täyteyden. Meillä itsellämme ei ole edellytyksiä säilyttää sisimmässämme Jumalan ikuista rakkautta. Paavali rukoilee tässä vahvistusta hengellemme, jotta voisimme sydämessämme ja hengessämme todella tuntea, mitä tämä rakkaus on. Tämä rakkaus on liian suurta inhimillisen älyn tajuttavaksi. Tämä rakkaus on liian suurta ihmismielelle, koska se ylittää kaiken tiedon. Tämä rakkaus on tajunnan räjäyttävää. On kuitenkin mahdollista tuntea tämä rakkaus, kun Pyhä Henki vahvistaa voimallaan sisäisen ihmisemme. Kreikan kielen sana "tuntea" on tässä *ginosko*, jonka merkitys on 'oppia tuntemaan syvällisesti sydämen tasolla' — samalla tavoin kuin mies ja nainen tulevat yhdeksi solmiessaan liiton. Sanan merkitys viittaa tuntemiseen intiimillä tavalla. Meidän täytyy vahvistua hänen Henkensä kautta *tunteaksemme (ginosko)* Jumalan rakkauden syvällä sydämessämme. Tuntuu siltä, että Paavali kamppailee ihmiskielen rajoitusten kanssa yrittäessään ilmaista Jumalan rakkauden kokemuksensa täyttä todellisuutta.

Kuinka ihmeellistä tämä kaikki onkaan! Oppia tuntemaan Kristuksen rakkaus, sen leveys, pituus, korkeus ja syvyys. Rakas ystävä, tämä on sydämen tietoa, hengellistä tietämistä. Tämä on sellaista tietoa, joka ylittää inhimillisen, älyllisen tiedon. Ihmismieli ei koskaan voi saada minkäänlaista käsitystä Jumalan rakkauden valtavasta suuruudesta. *Tämä* rakkaus on liian suurta ihmisen käsityskyvylle. Uskon, että Paavali innostui hengessään, kun hän kirjoitti nämä sanat. Suosittelisin lukemaan näitä jakeita yhä uudelleen ja mietiskelemään niitä, jotta niiden sisältämä totuus alkaisi vähitellen kirkastua meille.

Paavali rukoilee, että hän vahvistaisi meitä "sanomattomassa kirkkaudessaan". Ilmaus "rakkautesi voima" oli minulle hyvin tuttu. Olin usein laulanut näitä sanoja ylistäessäni, mutta nyt minulle valkeni, ettei minulla ollut aavistustakaan siitä, mitä ne todella tarkoittivat! Minulla ei ollut mitään käsitystä siitä, mitä hänen rakkautensa voima todella on. Itsessämme *emme voi* päästä tähän rakkauteen, eikä se myöskään voi pysyä meissä. Hänen täytyy jumalallisen Henkensä kautta vahvistaa meitä, jotta tuntisimme hänen rakkautensa voiman ja voisimme säilyttää sen sisimmässämme.

Hänen rakkautensa kokeminen — sydämellään tunteminen — on sellaisen rakkauden kokemista, joka on äärettömästi suurempi kuin mikään, mitä sinä ja minä voimme edes kuvitella. Se on laajempi kuin valtameren aava, pitempi kuin matka maan ääriin, korkeampi kuin korkein vuori, syvempi kuin syvin meri. Se ylittää täysin kaiken tiedon! Voimme *tietää* jotakin rakkaudesta ja voimme jossakin määrin kokea sitä, mutta jos mietit kaikkein ihaninta rakkautta, mitä ikinä olet kokenut tai mistä olet kuullut täällä maan päällä, sellaisellakin rakkaudella on rajansa. Maanpäällisellä rakkaudella on rajansa, mutta *tällä* rakkaudella ei ole mitään rajaa. Se on suurempaa kuin voimme koskaan mielessämme kuvitella. Monet meistä tietävät jotakin rakkaudesta, mutta meillä ei ole kokemuksellista tietoa itse *rakkaudesta.*

Emme tunne Jumalan rakkautta, ja se johtuu siitä, että meidän on täytyttävä Hengellä, jotta ymmärtäisimme sen ja kokisimme sen todellisena. Meidän on täytyttävä Hengellä, koska *Henki tuntee rakkauden!* Silloin se, millä tavoin *hän* tuntee rakkauden, tulee meille todelliseksi syvällä sisimmässämme. Pyhä Henki voi tuoda meille tuon tuntemisen, koska se on todellista *hänelle* syvällä *hänen* sisimmässään — jos saan ilmaista asian näin. Hänen on saatava vahvistaa meitä, jotta voisimme ottaa vastaan Jumalan rakkauden ja sitten rakastaa Jumalan rakkaudella.

Pilven leijuessa sisään huoneeseen toinenkin raamatunkohta tuli hätkähdyttävän eläväksi minulle. Se oli Ensimmäisen Korinttilaiskirjeen luku 13 — tunnettu kohta, jossa puhutaan rakkaudesta. Se yllätti minut, koska totta puhuakseni tämä raamatunkohta oli minulle melko merkityksetön. Minulle oli tärkeintä elämässä saada työ tehdyksi ja päästä maaliin. Minulla ei ollut aikaa rakkaudelle enkä ollut vähääkään kiinnostunut ajattelemaan rakkautta. Kuinka olisin voinut käyttää aikaa rakastamiseen, kun koko maailma odotti pelastusta ja parantumista? Näin todella tunsin! Ennakkoluuloni Ensimmäisen Korinttilaiskirjeen lukua 13 kohtaan vahvistui, kun kuulin sitä luettavan erään ystäväni häissä. Ystäväni oli mukana New Age -liikkeessä, ja tämän raamatunkohdan käyttö New Age -häissä todella vain vahvisti ristiriitaisia tunteitani näitä jakeita kohtaan. Ne olivat tyhjänpäiväistä jahkailua, täysin merkityksettömiä ja hyödyttömiä. Mutta... nähdessäni rakkauden pilven tulevan minua kohti ja todistaessani sitä, mitä parhaillaan tapahtui pilven liikkuessa seurakuntalaisten keskuudessa, näin hengessäni totuuden Ensimmäisen Korinttilaiskirjeen luvusta 13. Näin, että se oli ilmestys siitä, millainen Jumala *itse* todella on.

Koska Jumala *on* rakkaus, tämä Raamatun luku on myös ilmestys siitä, millainen Jumala on. Edellisessä luvussa Paavali on opettanut Hengen lahjoista ja ilmenemismuodoista, apostoleista, profeetoista ja vastaavista asioista. Hän päättää tämän jakson sanomalla: "Nyt minä osoitan teille tien, joka on verrattomasti muita parempi." Tämä tie, rakkauden tie, on erilainen kuin muut Hengen toimintatavat. On näet mahdollista käyttää Hengen lahjoja, vaikka rakkautta ei olisi. Ajatellessani John G. Laken sanoja tiesin, että olin nähnyt käytettävän Hengen lahjoja, vieläpä hyvin vaikuttavasti, mutta se ei kuitenkaan ollut tapahtunut suloisuudessa, hellyydessä ja rakkaudessa. Aivan varmasti se oli Jumalasta, aivan varmasti se tapahtui Pyhän Hengen voitelussa. Lahjat ja palveluvirat toimivat aidosti, mutta hyvin usein *ilman* rakkautta.

Totuus on: usko *toimii*. Kun jotakin tehdään uskossa, usko *saa* aikaan sen, mihin uskotaan. Meillä voi olla "parantamisen palvelutyö". Meillä voi olla "ihmeiden tekemisen palvelutyö". Voimme jopa herättää kuolleita — mutta se tapahtuu uskon tai voitelun kautta eikä ilmene "rakkautena". Paavali sanoo: "Ainoa tärkeä on rakkautena vaikuttava usko" (Gal. 5:6). Olemme nähneet paljon tehokasta palvelemista Hengessä. James ja minä olemme nähneet monien asioiden toimivan, koska meillä on ollut uskoa siihen. Olen sen tyyppinen ihminen, että edessäni on saattanut olla rautainen ovi ja olen käskenyt sitä avautumaan — olen toiminut tahdonvoimani ja uskoni kautta. Mutta emme ole nähneet ihmeiden tapahtuvan rakkauden suloisessa hellyydessä. Paavali puhuu tiestä, joka on "verrattomasti muita parempi". Uskon, että *tämä* on sitä, mistä Jumala puhui, kun hän sanoi minulle: "Lasken uuden rakkauden perustan seurakuntaani."

"Vaikka minä puhuisin ihmisten ja enkelien kielillä *mutta minulta puuttuisi rakkaus*..." Paavali ei sano: "Mutta ellen tee sitä mukavalla tai rakastavalla tavalla", vaan hän puhuu pikemminkin rakkaudesta asiana, joka meillä on. Hän puhuu rakkaudesta konkreettisena todellisuutena, joka omistetaan sisäisesti. Jos minulla *ei ole* rakkautta, olen pelkkä kumiseva vaski tai helisevä symbaali.

"Vaikka minulla olisi profetoimisen lahja, vaikka tuntisin kaikki salaisuudet ja kaiken tiedon." Kuvittele sitä! Mitä antaisinkaan voidakseni tuntea *kaikki* salaisuudet ja kaiken tiedon! Tunnen useita profeetallisia ihmisiä, joilla on äärettömän suuri profeetallinen lahja ja jotka pystyvät kuulemaan Jumalan äänen erittäin tarkasti. Minulla on taipumus ajatella, että tällaisilla ihmisillä on hyvin läheinen suhde Jumalaan. Kuitenkin Paavali sanoo, että on todellakin mahdollista olla tällainen, mutta ilman rakkautta se ei ole mitään! Vuoria siirtävä usko ei merkitse mitään ilman rakkautta. Ajattele tätä: jos kohtaisit jonkun, jolla olisi riittävän suuri usko käskeä vuorta heittäytymään mereen, se olisi hyvinkin vaikuttavaa, mutta *ilman rakkautta se ei olisi mitään*.

Jopa niin radikaalit teot kuin kaiken omaisuutensa antaminen köyhille ja oman ruumiinsa antaminen poltettavaksi eivät ole minkään arvoisia ilman rakkautta. Tuskinpa on tuskallisempaa tapaa kuolla kuin tulla poltetuksi elävältä. On ollut ihmisiä, jotka ovat menneet niin pitkälle, että ovat sytyttäneet itsensä tuleen uskomansa asian puolesta, mutta ilman rakkautta se ei hyödytä yhtään mitään.

Apostoli jatkaa kuvaamalla, miltä rakkaus näyttää. "Rakkaus on kärsivällinen." Toinen versio sanoo: "Rakkaus kärsii pitkään" (engl. NKJV-käännös). Rakastan tätä tulkintaa, koska uskon, että siinä tulee parhaiten esiin näiden sanojen todellinen merkitys. Äidin rakkaus on sellaista rakkautta, joka pystyy kärsimään pitkään. Itse asiassa se ei ole hänelle kärsimystä, koska hän rakastaa lastaan. Kun äiti nousee yöllä lohduttamaan lastaan, hän ei oikeastaan kärsi, koska hänen rakkautensa lasta kohtaan työntää syrjään kaiken kärsimyksen. Puolueettomasta sivustakatsojasta saattaa näyttää siltä, että äiti kärsii, mutta äiti *ei* kärsi. Hän *rakastaa*. Kun Paavali sanoo: "Rakkaus kärsii pitkään", on kyse enemmän rakkaudesta kuin kärsimisestä. Rakkaus katsoo aivan eri näkökulmasta. Pääpaino ei ole kärsimisessä — *se on rakastamisessa*.

Saatoin nähdä tämän kaiken pilvessä. Jumalan läsnäolo oli hyvin vahva tuossa kokouksessa. Tiesin ilman epäilyksen häivää, että rakkaus on oman edun tavoittelun vastakohta. Kerran minulla oli kokemus, jossa katsoin Jeesuksen silmiin. Raamattu sanoo, että Jumala on tuhkaksi polttava tuli (Hepr. 12:29). En ole koskaan pelännyt sitä, koska tiedän, että tämä tuli on polttavaa rakkautta. Tuon kokemuksen aikana minuun teki erityisen vaikutuksen se, että hänen silmissään ei ollut vähäisintäkään oman edun tavoittelua. Ne olivat täysin kiinnittyneet huomionsa keskipisteeseen — minuun. Hänen katseessaan ei ollut mitään, mikä voisi koskaan hylätä tai torjua ketään. Katsoessani pilveä saatoin nähdä, ettei hän vaadi meiltä mitään. Hän ei vaadi mitään itselleen. Kun hän katsoo sinua, on kyse vain sinusta. Sinä valtaat hänen huomionsa täydellisesti. Hän haluaa antaa sinulle ainoastaan rakkautta, myötätuntoa ja toivoa. Tämä rakkaus ei vaadi sinua tekemään yhtään mitään. Se kaikki virtaa yhteen suuntaan.

Tämä rakkaus, joka ylittää kaiken tiedon, on skandaalimaista rakkautta. Se ei pidä kirjaa vääryyksistä. Se on ällistyttävää. Jos todella pysähdyt ajattelemaan tätä väittämää, se on skandaalimainen. Jos olet keskittynyt sääntöihin ja määräyksiin, tekemään sitä, mikä on oikein, ja välttämään tai jopa rankaisemaan sitä, mikä on väärin, sinun on vaikea niellä tätä. Rakkaus, joka ei pidä kirjaa vääryyksistä? Minulla oli pitkä lista oikeista ja vääristä asioista, ja "vääryydet" oli alleviivattu, lihavoitu ja kirjoitettu isoilla kirjaimilla! Mutta *tämä* rakkaus ei pidä mitään kirjaa niistä! Vaikka pyytäisit anteeksi jotakin tekemääsi yhä uudelleen, Isä ei rakkaudessaan muista siitä mitään. Hän antoi anteeksi jo ensimmäisellä kerralla tehdessäsi siitä parannusta, ja sitten pyyhki sen pois. Tämä rakkaus ei ole sellaista, mihin olemme tottuneet. Se syrjäyttää kaiken muunlaisen rakkauden. Se ylittää kaiken tiedon.

Oli vielä yksi ällistyttävä asia: jumalallinen rakkauden pilvi sisälsi kaiken tiedon. Kun rakkaus tuli, jokainen tuli valoon. Rakkauden valo paljasti jokaisen elämän. Sisälläni oli tunne, että olisin voinut kertoa jokaiselle tarkkoja yksityiskohtia heidän elämästään. Tunsin, että halutessani olisin voinut tietää heidän isoäitinsä tyttönimen tai heidän isoisänsä syntymäpaikan. Tunsin, että tällainen tieto olisi ollut helposti saatavilla rakkauden ilmapiirissä. Rakkaus itsessään sisälsi kaiken tiedon. Profeetalliset salaisuudet olisivat tulleet tunnetuiksi tässä rakkaudessa. Tiesin, mitä Paavali tarkoitti sanoessaan: "Silloin olen tunteva täydellisesti, niin kuin minutkin tunnetaan täydellisesti" (1. Kor. 13:12, engl. NIV-käännös). Se oli taivaan esimakua: tuntea täydellisesti ja olla täydellisesti tunnettu. Tunsin, että tunnen jokaisen huoneessa olevan kohtalon, pystyin ymmärtämään Jumalan kutsun heidän elämässään — ilman synnin tärvelevää kosketusta. Saatoin nähdä sen, millaisiksi Jumala oli heidät luonut ainutlaatuisina yksilöinä, ja jokainen säteili kauniina ja loistokkaana — ilman syntiä! Juuri tällä tavoin Jumala heidät näki. Tällä tavoin Rakkaus itse näki heidät.

Vuosien vierittyä mietiskelen edelleen sitä, mitä tuossa huoneessa tapahtui sinä sunnuntaina Sydneyssä. Eikö olekin ihmeellistä, että Isä ei näe niitä asioita, jotka turmelevat meitä. Maailmassa on tapana sanoa: "Rakkaus on sokea", mutta tosiasiassa vain rakkaus pystyy todella näkemään.

Rakkaus ei ole sokea. Se näkee totuudenmukaisesti, kuka sen kohde *todella* on. Jos rakastat aidosti jotakuta ja hän tekee jotakin väärin, onko sillä todella väliä? Jos rakastat häntä, ei ole oikeastaan mitään väliä, mitä hän on tehnyt. Kuka tahansa vanhempi, joka todella rakastaa lastaan, tietää tämän. Kun lapsi tekee väärin, vanhemman rakkaus ei siitä vähene. Jos tämä pätee meihin ihmisiin, se pätee vielä enemmän Jumalaan. Vanhemman rakkaus lastaan kohtaan on moninkertaistettava monen monta kertaa, jotta voisi edes alkaa tajuta, millaista Jumalan rakkaus on. Jumalan rakkaus Jeesuksessa Kristuksessa ylittää täysin käsityskykymme.

Aina, kun olen puhunut tästä jossakin kokouksessa tai konferenssissa, luokseni tulee sen jälkeen arvostelijoita. Ne, jotka syövät hyvän ja pahan tiedon puusta, sanovat: "Mutta Denise, nythän sinä annat ihmisille luvan tehdä syntiä! Kun kerrot ihmisille, ettei Jumala pidä kirjaa heidän synneistään, he ihan varmasti käyttävät sitä hyväkseen ja tekevät *vielä enemmän* syntiä!" Vastaan heille tavallisesti, että olen kuullut jonkun sanovan näin: "Ellei evankeliumin julistus johda ihmisiä kysymään: 'Voimmeko siis jatkaa synnin tekemistä?', silloin ei ole julistettu armon evankeliumia." Jos ihmiset eivät tee tätä kysymystä, ei ole vielä julistettu sitä armon evankeliumia, jota Paavali julisti. Paavali esittää retorisen kysymyksen: "Miten siis on? Saammeko tehdä syntiä, koska emme elä lain vaan armon alaisina?" (Room. 6:15). Hän kysyy näin, koska tämä kysymys on johdonmukainen seuraus siitä, mitä hän on opettanut armosta. Hän jatkaa: "Emme toki!" Asian ydin, jota Paavali tässä korostaa, on se, että vain armo ja rakkaus estävät meitä tekemästä syntiä. Laki antaa synnille voimaa, mutta armo ja rakkaus poistavat sen voiman. Eräs ystäväni kuvasi tätä hienosti kertomalla, että monilla Australian laajoilla karjatiloilla ei ole lainkaan aitoja — alue on niin laaja, että olisi mahdotonta aidata sitä. Alue on myös hyvin kuiva, mutta siellä täällä on paikkoja, joissa on vettä, eikä karja koskaan kulje kauaksi vedestä. Aitoja ei tarvita, koska eläimet kuolevat janoon, jos ne menevät pois veden ääreltä. Lakia ei tarvita, jos sammutamme janomme armon lähteessä ja rakkauden virrassa. On olemassa vapaus, mutta se ei ulotu pitemmälle kuin rakkaus sallii meidän mennä. Rakkaus määrittää omat rajansa ottamalla huomioon kohteensa. Jos kuljemme pois Jumalan rakkaudesta, tulemme janoisiksi, ja se vetää meidät takaisin juomaan tätä rakkautta.

Rakkaus kutsuu sinua jatkuvasti takaisin. Se vetää sinua järkähtämättä takaisin luokseen, syleilyynsä. Se suojelee aina, luottaa aina, toivoo aina, pysyy aina lujana. Juuri tällainen Jumala on. Tämä raamatunkohta kuvaa Isän rakkautta. Se on ihmeellistä! Meidät valtaa usein tuomion tunne. Tunnemme tuottaneemme Jumalalle pettymyksen. Arvaa mitä? Hän luottaa meihin edelleen. Hän jatkaa edelleen sinnikkäästi tuodakseen meidät siihen, mikä on hänen täydellinen tarkoituksensa meidän elämällemme. Hänellä on ehtymätön toivo meidän suhteemme. Hän varjelee ja suojelee meitä hellällä huolenpidollaan ja kiihkeällä voimallaan.

Tämä rakkaus ei koskaan katoa. Se rakkaus, josta Paavali puhuu Ensimmäisen Korinttilaiskirjeen luvussa 13, on sama rakkaus, josta hän puhuu Efesolaiskirjeen luvussa 3. Siinä hän rukoilee, että voisimme tuntea Kristuksen rakkauden leveyden, pituuden, korkeuden ja syvyyden. Tämä rakkaus on suurempi kuin meidän tietomme, mutta se vuodatetaan sydämiimme. Tämä rakkaus voidaan tuntea vain sydämessä, koska sydämemme tiedolla ei ole minkäänlaisia rajoja. Se ei mahdu käsitteisiin, ajattelutapoihin tai sääntöihin. Jumalan rakkaus on niitä paljon suurempi.

6 | Rakkauden pilvi

Sinä päivänä tajusin, että uudessa liitossa on kyse ainoastaan rakkaudesta. Saatoin nähdä, että kaikessa, mikä Uudessa testamentissa näyttää jonkinlaiselta luettelolta asioista, joita pitää ja joita ei pidä tehdä (ja niitä on paljon erityisesti Paavalin kirjeissä) — kaikessa on oikeastaan *vain kyse rakkaudesta*. Uusi liitto on ilmestys Jumalan rakkaudesta meitä kohtaan. Kun Paavali esimerkiksi kehottaa: "Älkää harjoittako haureutta" tai "Älkää juopuko viinistä", hän sanoo sen yksinkertaisesti siitä syystä, että näitä tehdäkseen on astuttava pois rakkaudesta. Kaikki Paavalin sanomat asiat, jotka voidaan nähdä määräyksinä, liittyvät siihen, että Jumalan perhe vaeltaisi keskinäisessä rakkaudessa. Asian ydin on rakkaudessa pysyminen. En voi juoruta tai puhua sinusta kielteisesti astumatta pois rakkaudesta. Sinäkään et voi tehdä vastaavia asioita ja silti pysyä rakkaudessa. Kristinuskon päämäärä on, että opimme elämään rakkaudessa, kasvamaan rakkaudessa ja juomaan rakkautta, kunnes siitä tulee osa meitä. Isän tarkoitus on, että hänen rakkautensa kietoisi meidät sisäänsä, eikä se voi olla vaikuttamatta ihmissuhteisiimme.

Olen hiljattain sanonut jotakin, mikä voi vaikuttaa kiistanalaiselta, mutta ei oikeastaan ole sitä. Olen sanonut näin: "Isän rakkaus on liian suurta seurakunnalle." Joidenkin mielestä se voi kuulostaa melko jyrkältä, mutta eikö Joh. 3:16 sano juuri niin? Jumala on rakastanut maailmaa! Olemme koettaneet aidata Jumalan rakkauden seurakunnan sisäpuolelle, mutta emme ole nähneet kokonaiskuvaa. Emme ole ymmärtäneet Isän kaikenkattavaa näkyä nähdä rakkautensa täyttävän koko luomakunnan. Olemme kaikki löytämässä identiteettimme poikina ja tyttärinä. Sitä paitsi koko luomakunta odottaa hartaasti Jumalan lasten ilmestymistä (Room. 8:19, 20). Jumala tunsi meidät jo kauan ennen kuin luonnolliset vanhempamme panivat meidät alulle. Hän tunsi meidät, kun olimme "Aadamissa". Syntiinlankeemuksessa hän menetti meidät, mutta lunasti meidät takaisin itselleen rakkaan Poikansa, esikoisensa, kuoleman kautta. Jeesus tuli hakemaan meidät takaisin Isän rakkauteen ja palauttamaan meidät asemaamme poikina ja tyttärinä.

Tämä häkellyttävä totuus valkeni minulle ollessani muutama vuosi sitten Hongkongissa. Olin sunnuntaina puhumassa eräässä seurakunnassa, ja pastori pyysi minua tulemaan samalla viikolla puhumaan pakolaisille. Menin uudelleen seurakuntaan tiistaiaamuna. Pakolaiset saivat tulla seurakuntarakennukseen ilmaiselle lounaalle sillä ehdolla, että he istuivat siellä kuuntelemassa kristillistä opetusta. Lounaan päätyttyä pakolaiset menivät viereiseen huoneeseen kuuntelemaan, mitä puhuisin heille. Useimmat olivat afrikkalaisia miehiä. Aluksi laulettiin laulu, johon miehet eivät yhtyneet. Minulla ei oikeastaan ole evankelistan lahjaa, eikä minulla ollut aavistustakaan, mitä sanoisin näille miehille. Kun laulu loppui ja minun piti nousta puhumaan, pastori kumartui puoleeni ja kuiskasi korvaani: "Sanoinko sinulle, että nämä miehet ovat kaikki muslimeja?"

Sydämeni jähmettyi. Mihin olinkaan itseni saattanut? Tämä yllätti minut täysin. Jos minulla ei ollut tätä ennenkään ollut mitään aavistusta, mitä sanoisin, nyt tilanne paheni entisestään. Saatoin ainoastaan huudahtaa tuon rukouksen, joka tulee suoraan sydämestä: "Auta!"

Ja hän auttoi. Jumala todella *auttoi* minua. Huutaessani sisimmässäni kovaan ääneen hän sanoi minulle aivan hiljaa jotakin, mitä minulle ei koskaan olisi tullut mieleen sanoa. Hän sanoi: "Denise, nouse vain ja ole heille äiti." Ajattelin: "Okei, sen minä kyllä voin tehdä." Nousin ja katselin näitä miehiä. Muutamat olivat vanhempia kuin vanhin poikamme. Sanoin heille: "En nyt aio opettaa mitään vaan haluan vain kertoa, mitä haluaisin teidän tietävän, jos olisin teidän äitinne ja te olisitte minun poikiani." Sitten aloin kertoa heille Isästä, joka asuu taivaassa ja rakastaa heitä. Hän ei olisi koskaan halunnut heidän kokevan asioita, joita he olivat käyneet läpi. He olivat kokeneet sodan kauhuja. Jotkut olivat olleet lapsisotilaita ja onnistuneet pakenemaan. Kerroin heille, kuinka kallisarvoisia ja ihania he olivat Jumalan silmissä. Kun he katsoivat minua, puhuin heille suoraan äidinsydämestä. Sitten kuulin itseni sanovan: "Nyt tulen alas lavalta ja seison tässä, ja joka haluaa saada äidin halauksen, voi tulla luokseni. Monet teistä eivät ole koskaan kokeneet äidin hellää syleilyä. Monet teistä on annettu pois, monet on viety pois, ja saattaa olla monta, monta vuotta siitä, kun olet nähnyt äitisi. Mutta jos haluat halauksen äidiltä, odotan tässä ja olen käytettävissä."

Seisoin siinä, odotin ja odotin. Joskus tavoitin jonkun katseen, nyökkäsin ja hymyilin. Sitten yksi kerrallaan rohkeimmat tulivat eteen, ja laitoin käteni heidän ympärilleen ja pidin heitä sylissäni. Halatessani joitakuita, tiesin jotenkin, ettei kukaan ollut koskaan halannut heitä. Saatoin tuntea, että he olivat eläneet koko elämänsä kokematta ikinä äidin halausta. Jotkut pitivät kiinni minusta niin tiukasti, että vaikutti siltä, että jos he päästäisivät irti, he kuolisivat. He kaipasivat kipeästi rakkautta ja hellyyttä. Kun he tulivat eteen, sanoin heille, kuinka kallisarvoisia ja rakastettavia he olivat. Sanoin: "Et ole tiennyt, kuinka rakastettava olet, mutta olet *todella* rakastettava. Sinussa on erityistä kauneutta ja ainutlaatuisuutta." Nämä olivat karskeimpia miehiä, mitä ikinä olen tavannut, mutta saatoin nähdä kyynelten vierivän heidän poskillaan.

Tämä *oli* todellakin Isän rakkautta, mutta hän ei vaatinut sitä, että olisin tässä tilanteessa sanonut: "Tulkaa Kristuksen luo." Ei ollut kyse teologiasta. Oli kyse ruumiillistumisesta. Hän halusi minun osoittavan, että Isä on todellinen — Isä, joka on rakastanut maailmaa *niin* paljon, että antoi itsensä. Nämä kaikki olivat hänen kadonneita poikiaan, jotka hän halusi tavoittaa. On itsestään selvää, että nämä miehet saisivat vielä lisää. On itsestään selvää, että heille kerrottaisiin Pojasta, Jeesuksesta, joka antoi oman henkensä tuodakseen heidät Isän luo. Mutta se ei ollut ensimmäinen askel. Ensimmäinen askel oli tuntea ja kokea itse rakkaus. Rakkaus vetää puoleensa. Tämä on rakkautta, joka ylittää kaiken tiedon. Tämä on rakkautta, jossa ei ole sääntöjä eikä rajoja. Se on rakkautta, joka tulee Isältä itseltään. Se on hänen rakkauttaan lapsiaan kohtaan, hänen rakkauttaan maailmaa kohtaan, jonka hän on luonut. Jokainen perhe maan päällä kuvastaa Isää (Ef. 3:15). Tunsivatpa he Isän tai ei, hän tietää, keitä he ovat. Saattaa olla, etteivät he tunne häntä, mutta hänen rakkautensa *ylittää* tiedon, ja *hän tuntee heidät*. Juuri sen takia Jeesus kuoli, että voisimme oppia tuntemaan tämän rakkauden, joka ylittää kaiken.

Rukoilen itselleni kykyä katsoa ihmisiä rakkauden silmin. Haluaisin nähdä heidät elämän puun näkökulmasta. Nähdä heidät Isän silmin. Kun Jeesus oli maan päällä, hän rikkoi monia sääntöjä, jotka olivat pelkkää lakihenkisyyttä. Rakastan tätä asiaa hänessä. Jeesukselle rakkauden laki sisälsi kaiken ja syrjäytti pikkumaiset lait, jotka pitivät ihmisiä orjuudessa. Samalla tavoin kuningas Daavid rohkeni astua pyhäkköön ja ottaa sieltä pyhiä uhrileipiä ruokkiakseen nälkäisen joukkonsa (1. Sam. 21:1–6). Hän ei tuntenut mitään omantunnontuskia antaessaan pyhiä leipiä ystävilleen. Jeesus kiittelee häntä sen vuoksi (Matt. 12:3–4). Huudahdin kerran Jamesille luettuani tämän kohdan: "Jumala rakastaa sitä, että rikomme sääntöjä!" James vastasi: "En usko, että Raamattu tarkoittaa aivan sitä." Nauroimme asialle, mutta tahdoin vain painottaa sitä, että Jeesus kehui Daavidia siitä, että hän asetti ystäviensä hyvinvoinnin temppelin sääntöjen edelle. Itse asiassa Matteuksen 12.

luvun tekstissä tämä korostuu vielä lisää. Tottakai Jamesin huomautus oli aivan totta, mutta yritän kiinnittää erityistä huomiota tähän näkökulmaan. Rakkauden laki on maailmankaikkeuden suurin periaate. Se näkee asiat ennemmin suhteen kautta kuin hedelmättömän toiminnallisuuden tai pelkkien opinkappaleiden kannalta.

Jumala kutsuu meitä tähän rakkauteen, joka muuttaa kaiken. Voimme tulla hänen luokseen ja elää tässä rakkaudessa, joka ylittää kaiken tiedon. Voimme mitata sen leveyttä, matkata pitkin sen pituutta, liitää sen korkeuksissa ja sukeltaa sen syvyyksiin. Isän rakkaus, joka on Kristuksessa Jeesuksessa, on vuodatettu hänen Pyhän Henkensä kautta. Tähän olemme tulossa. Kun Jumala sanoi minulle: "Lasken uuden rakkauden perustan seurakuntaani", juuri *tästä* hän puhui. Juuri tätä hän nyt tekee maan päällä. Se ei rajoitu yhteen ryhmään tai liikkeeseen — sitä tapahtuu kaikkialla. Rakkauden hyökyaalto on tsunamin lailla muodostumassa valtamerellä ja pääsemässä vauhtiin. Pinnan alla on liikettä, joka ei heti näy välinpitämättömälle tarkkailijalle. Kun aalto iskee, se ryöppyää valtavana meidän kaikkien ylitse. Tämä aalto, tämä tsunami, on Isän rakkaus. Se on järkähtämätön ja heltymätön, koska se virtaa hänen sydämestään.

Kaikkein merkittävin asia pilvikokemuksessani oli tämä: se oli ennennäkemätön kokemus, joka oli täynnä rakkautta ja ilmestystä, ja huoneessa tapahtui paljon Pyhän Hengen ihmeellisiä tekoja, mutta silti — *emme* olleet pilven sisällä.

Sanon tämän vielä uudelleen. *Emme olleet pilven sisällä.* Tarkkailin pilveä, kun se alkoi liikkua huoneen takaosassa. Sitä tihkui usvan lailla seinistä, mutta se ei ollut edes alkanut sulkea meitä sisäänsä.

Juuri tämä teki minuun voimakkaan vaikutuksen: rakkaus oli huoneessa, mutta me emme olleet vielä sen sisällä! Tapahtui monia ihmeellisiä asioita, mutta olimme silti pilven *ulkopuolella*. Parhaimmillaan olimme rakkauden pilven reunamilla, mutta emme olleet edes alkaneet astua sen sisään. Meillä oli uskomattoman voimakas tunne hänen läsnäolostaan ja olemuksestaan, mutta emme voineet astua siihen sisään, koska emme olleet tarpeeksi vahvoja. Sisäisen ihmisemme täytyy vahvistua voidaksemme tuntea tämän rakkauden. Henkemme täytyy laajentua voidaksemme pitää sisällämme edes pisaran tätä rakkautta.

Tällaiseen prosessiin Jumala vie meitä tänä aikana. Se on prosessi, jossa sisäistä ihmistämme vahvistetaan, jotta voisimme ymmärtää tätä rakkautta. Jotkut meistä ovat vasta aivan alussa. Kuin vastasyntyneet vauvat alamme oppia juomaan pisara pisaralta, vähän kerrallaan. Silloin tällöin tulemme täyteen, sydämemme vastaanottokyvyn mukaan, ja sitten tulemme taas kuiviksi ja janoisiksi. Mutta jos pysymme nälkäisinä, janoisina ja kaipaavina, saamme huomata, mitä on elää hänessä ja tulla ravituksi hänen elämästään.

7 | Rakkauden vastaanottaminen
Mietiskelevä rukous

Yhden asian tiedän varmasti, ja se on tämä: Isä haluaa tulla hyvin konkreettisella tavalla *meidän jokaisen* luokse. Hän haluaa tulla sydämemme syvimpiin paikkoihin. Hän haluaa, että hänen hoivaavan rakkautensa runsasravinteinen maaperä olisi elämämme perustus ja kasvupohja. Tähän todelliseen, hoivaavaan rakkauteen juurtuminen oli hänen alkuperäinen tarkoituksensa meille. Hänen tarkoituksensa oli, että omistaisimme sen ja eläisimme siinä. Hän tuntee sinut. Hän tietää sinusta enemmän kuin *sinä itse* tiedät. Hän muistaa asiat, jotka sinä olet unohtanut. Hän on nähnyt sinut. Hän on kuullut vauvan tai pienen lapsen huutavan pimeässä, kun kukaan ei halunnut vastata eikä tuoda sille rauhoittavaa lohdutusta.

Hän on nähnyt yksinäisyyden. Hän on nähnyt ne kerrat, kun tulit koulusta kotiin ja olisit tarvinnut rakastavia käsivarsia, jotka olisivat ottaneet sinut syliin ja johdattaneet kodin turvasatamaan. Sinun olisi tarvinnut kuulla elämää antavia sanoja, kun sinua oli kiusattu, nöyryytetty tai kun olit epäonnistunut. Hän on halunnut sinun tulevan kotiin siihen paikkaan, jossa sinut otetaan avosylin vastaan, sinulle hymyillään ja sanotaan: "Olet paras!"

Hän on nähnyt tämän kaiken, ja hän tietää, kuinka paljon tarvitset häntä. Hän tietää, kuinka paljon tarvitset äidin hoivaavaa rakkautta.

Voit rentoutua ja olla tuo pieni lapsi juuri siinä, missä nyt olet. Niin hyvin kuin vain pystyt, rentoudu ja ole pieni lapsi. Sisimmässämme meillä kaikilla on pieni poika tai pieni tyttö, joka todella tarvitsee rakkautta. Juuri nyt, juuri siinä paikassa, missä olet, sinulla on pääsy siihen ja voit ottaa sen vastaan. Voit tulla rauhan paikkaan.

Kuningas Daavid sanoo psalmissa 131: "Olen löytänyt rauhan, mieleni on tyyni. Niin kuin kylläinen lapsi lepää äitinsä sylissä, niin on minun mieleni levollinen." Tässä puhutaan lapsesta, joka on juuri lopettanut imemisen ja on täysin kylläinen, äidinmaidosta "juopunut". Kaikkine kuninkaallisine velvollisuuksineen Daavid kykeni tulemaan rauhan paikkaan Jumalan käsivarsille.

Apostoli Paavalilla oli elämässään lohdutuksen tuoma perusta. Kääntymyksensä jälkeen Damaskon tiellä hän vietti kolme vuotta Arabian erämaassa. Uskon, että hän opetteli ottamaan vastaan lohdutusta Isältä. Uskonnollisille fanaatikoille (jollainen Paavali eittämättä oli ollut) on tyypillistä, etteivät he ole koskaan saaneet lohdutusta. Paavali kuitenkin aloittaa toisen kirjeensä korinttilaisille ylistämällä "Herramme Jeesuksen Kristuksen Jumalaa ja Isää", jota hän kuvailee "runsaan lohdutuksen Jumalaksi". Hän jatkaa puhumalla siitä, kuinka tämä rakkaus on lohduttanut häntä niin suuresti, että siitä virtaa yli muillekin. Tämä vaikutti koko hänen elämäänsä ja palvelutyöhönsä, joita molempia leimasi hellyys: "... olimme lempeitä kuin lapsiaan hoivaava äiti". Paavali tunsi omasta kokemuksestaan Jumalan äidinsydämen, ja se ilmeni runsain määrin hänen omassa elämässään.

Rakas ystävä, Pyhä Henki voi tulla tuomaan Isän todellisuuden sinun tarpeeseesi. Me *tiedämme* tarpeemme kipeästi. Tiedämme syvällä sisimmässämme, että jotakin puuttuu. Tunnemme itsemme vaillinaisiksi. Monet meistä

7 | Rakkauden vastaanottaminen

olisivat tarvinneet sitä, että meidät olisi otettu yöllä syliin. Sydämemme kaipasi suuresti kuulla äidin äänen laulavan meille lempeää kehtolaulua. Mikä valtava vaikutus sillä olisikaan ollut!

Kunpa meillä olisi ollut äiti, jota hänen oman elämänsä asiat eivät olisi turmelleet. Äiti, joka olisi voinut laulaa meille rakastavia sanoja ja silittää otsaamme. Kunpa meillä olisi ollut äiti, joka olisi sanonut: "Olet turvassa. Anna minun pitää sinua hellästi sylissäni." Kunpa olisimme voineet tuntea hänen kehonsa pehmeyden ja hänen hellän rakkautensa lämmön ja hengittää hänen hengityksensä suloista tuoksua.

○₹

Isä tulee luoksemme, rakkaat. Hän tulee lempeänä äitinä. Hänessä ei ole mitään tuomitsevaa. Hän on nähnyt asiat, joiden kanssa olemme kamppailleet, ja kiusaukset, joita olemme kohdanneet. Hän tietää kaiken sen häpeän, joka on juurtunut syvälle sydämeemme — häpeän siitä, keitä olemme, häpeän asioista, joista emme pysty pääsemään eroon.

Hän ymmärtää ja haluaa tulla luoksemme juuri tällä hetkellä, hän haluaa olla meille äiti. Hän on se, jolla on monta rintaa. Hän katsoo syvälle silmiimme — sielun peilin kautta syvälle kaikkein syvimpään osaan meitä. Hän vuodattaa nestemäistä rakkauttaan syvälle sieluumme. Hän hymyilee meille ja kuulemme hänen sanovan: "Olet täydellinen. Täydellinen! Oma rakas lapseni, sinussa ei ole mitään vikaa." Hän kuiskaa meille, että olemme tervetulleita, olemme kallisarvoisia hänelle.

Rakkaat, olemme hänen sydämensä ilo. Hänen rakkaudellaan sinua kohtaan ei ole mitään rajaa. Ei kerrassaan mitään rajaa. Kaikki rajat ovat hävinneet, koska hän on vakaasti päättänyt rakastaa meidät uudelleen eloon. Anna rauhan tulla kuin virran — lepää siinä, missä ei ole ollut lepoa. Murra rikki rakkauden pelko. Monet ovat pelänneet ajatustakin rakkaudesta, koska he ajattelevat sen olevan tukahduttavaa ja tekevän hengittämisen mahdottomaksi. Jos tämä koskee sinua, voin vakuuttaa sinulle: se, mitä olet luullut "rakkaudeksi", ei ole ollut Isän tarkoittamaa puhdasta rakkautta. Sinut on luotu *rakkautta* varten — ei tukahdutettavaksi. Sinut on luotu *tulemaan vapaaksi* rakkaudessa. Isän rakkaus tekee sinut vapaaksi. Jeesus on vapauttanut sinut *olemaan* vapaa, ilman mitään rajoja Isän rakkaudessa.

Jotkut eivät ole koskaan pystyneet avaamaan sydäntään ja luottamaan, mutta Isä antaa meille kyvyn luottaa. Lohduttomuuden ja hylkäämisen mustasta aukosta tulee nyt turvaverkko, jonka varaan voit pudota.

Tule El Shaddain rinnoille. Ellei sinua ole koskaan pidetty rintaa vasten, voit tulla siihen paikkaan, jonka kuningas Daavid hyvin tunsi: haavoittuvuuden ja voiman paikkaan. Se saattaa kuulostaa ristiriitaiselta, mutta Isän rakkaudessa haavoittuvuus ja voima voivat olla totta yhtä aikaa ja ilman jännitteitä. Itse asiassa todellista voimaa ei ole ilman herkkyyttä ja haavoittuvuutta. Haavoittuvuuden kautta olemme avoimina sille vahvistavalle ravinnolle, jota Isä meille antaa.

Isä voi antaa tarvittavan kyvyn kokea sitä rakkautta, joka käy yli ymmärryksen — rakkautta, joka on kaikkea tietoa suurempi — rakkautta, joka on syvempi kuin syvin valtameri, korkeampi kuin korkein vuori — rakkautta, joka yltää pilviin asti ja vieläkin korkeammalle. Isä on antanut meille armon uskoa häneen. Hän on antanut meille armon tulla siihen paikkaan omassa sydämessään, joka on avoinna meille.

7 | *Rakkauden vastaanottaminen*

Hän haluaa meidän tulevan hänen luokseen kuin pieni vauva, joka makaa avuttomana äitinsä käsivarsilla — juomaan hänen maitoaan, tulemaan ravituiksi ja saamaan elämää.

ღ

Isä on tässä! Hän sanoo: "Olen luonut sinut elämään, olemaan, kuulumaan ja olemaan osa minun luomakuntaani. Olen luonut sinut olemaan osa perhettäni, jotta voisit olla yhtä kanssani. Kutsun sinut elämään. Kutsun sinut takaisin sukupolvien takaa. Kutsun sinut takaisin niiden ohi, jotka ovat kääntäneet sydämensä minua vastaan sanoen: 'En voi uskoa tuollaiseen Jumalaan!' Kutsun sinut takaisin sen sukupolven takaa, jotta elämä Kristuksessa voisi murtautua läpi. Erilainen elämä! Elämä, joka kumpuaa eri lähteestä! Suurempi kuin maallinen elämä. Tämä Elämä kutsuu sinua: Tyttäreni! Poikani! Tämä elämä, johon sinua kutsun, on suurempi kuin tämän maailman todellisuus. Elä! Elä!"

On niitä, jotka on torjuttu ja hylätty. On niitä, joiden henki on sanonut: "En halua sinua!" — jo ennen kuin heidän tietoisen mielensä oli mahdollista edes tietää, mitä se oli tekemässä. Jotkut ovat kokeneet syvää hylkäämistä. Isä haluaa tulla antamaan ennennäkemättömän armon. Hän antaa armonsa ihmiselle, joka on torjunut äitinsä kyvyttömyyden rakastaa ja haluta häntä ja joka on vuorostaan sanonut: "En minäkään halua sinua!" Isä näkee meidät, ja hän tulee! Profeetta Hesekiel sanoo (Hes. 16:4–7):

Kun synnyit, ei napanuoraasi katkaistu, vedellä ei sinua pesty, suolalla ei sinua hierottu eikä sinua kääritty kapaloihin. Mitään näistä ei sinulle tehty, sen vertaa ei kukaan sinua säälinyt eikä armahtanut.

141

Isä haluaa mennä syvälle siihen hetkeen, jolloin synnyit. Hän haluaa täyttää juuri tuon hetken tarpeesi.

Sinut vietiin ulos ja jätettiin heitteille, niin vähäarvoisena henkeäsi pidettiin, kun synnyit.

Syvälle sydämeen on päässyt tunkeutumaan valhe. Heti syntymän hetkellä — jopa jo hedelmöityksen hetkellä — jotkut ovat vaistomaisesti tunteneet, että heitä on halveksittu ja heidät on jätetty heitteille.

Minä kuljin sinun ohitsesi ja näin sinut veressäsi potkimassa, ja kun makasit siinä veressäsi, minä sanoin sinulle: "Jää eloon ja kasva suureksi!" Ja minä tein sinusta kuin niityn kukan. Sinä kasvoit ja vartuit, kehityit täydeksi naiseksi, sinun rintasi kaartuivat kiinteinä ja hiuksesi kasvoivat ja tuuheutuivat. Mutta sinä olit alaston ja paljas.

Olet tuntenut syvää häpeää siitä, että olet olemassa — syvää häpeää koko olemuksestasikin — mutta hän kulkee ohitsesi sanoen: "Jää eloon!" Hänen rakkautensa kutsuu sinua uuteen elämään. Sana sinulle on: "Elä!"

Monet ovat tunteneet olevansa alastomia ja paljaita ja yrittäneet piiloutua. He ovat koettaneet monin tavoin peittää alastomuuttansa ja häpeäänsä.

Hän on tullut luoksemme äitinä, ottamaan "pikkuisen" syliinsä ja katsomaan tätä syvälle silmiin, jotta tämä tuntisi hänen sydämestään nousevan hymyn. Hän on elämän Isä, joka saa meidät elämään. Kaikki elämä on lähtöisin hänestä, ja hän on tässä, jotta hän voisi olla meille äiti, hoivata meitä ja tuoda meidät siihen elämän täyteyteen, joka hänellä on. Tähän elämään hän on meidät määrännyt jo ennen maailman perustamista. Hän on äiti, joka itkee lastensa puolesta. Hän itkee siksi, etteivät he tunne hänen rakkauttaan ja huolenpitoaan eivätkä voi ottaa sitä vastaan.

7 | Rakkauden vastaanottaminen

༂

Kenelläkään ei ole sellaista äidinrakkautta kuin Isä Jumalalla. Hän antaa meille tunteen, että kuulumme jonnekin. Hän tulee Hengen miekan kanssa hylkäämisen syvään, pimeään paikkaan. Äiti nousee äidillisessä kiivaudessaan ja suojeluvaistossaan. Kuin naarasleijona tai karhuemo hän on raivostunut sille, joka on hyökännyt hänen rakkaintaan vastaan. Tällä miekalla piina on katkaistu ja valheet pantu poikki. Se murtaa voiman valheelta, ettet olisi haluttu, ettei sinulla olisi mitään osaa eikä oikeutta elämään.

Jeesus on tullut, että sinulla olisi yltäkylläinen elämä. Hän on tullut, että tuntisit hänen lohduttavan sydämensä todellisuuden. Tämä äidinrakkaus laulaa Jerusalemille, se laulaa ilosta *sinulle*. Millään valheella ei ole voimaa voittaa tätä elämää eikä tätä rakkautta! Ei korkeus eikä syvyys, ei mikään tuleva, ei mikään entinen, eivät enkelit eivätkä demonit voi erottaa sinua tästä rakkaudesta, joka on hänen äidinsydämessään, koska *sinä* kuulut sinne.

Sinä sait alkusi ja kasvoit kohdussa, ennen kuin synnyit uudesti. Olit Hengen kohdussa, sait alkusi rakkaudesta, sait hoivaa ja sitten synnyit uudesti elämään, jossa ei ole pimeyttä. Tässä maailmassa ei ole sellaista sukuluetteloa, joka olisi voimakkaampi kuin se sukuluettelo, johon olet tullut Kristuksessa.

Monilta ihmisiltä, sekä miehiltä että naisilta, on varastettu feminiinisyys. Ei ole ollut ketään, joka olisi kutsunut heidät eloon, ei ketään, joka olisi katsonut heitä silmiin sanoen: "Rakastan sinua. Olet tärkein ja kallisarvoisin lahja. Olet suurin ihme, mitä olen ikinä nähnyt."

༂

Jumala rakastaa sinua juuri nyt ja toivottaa sinut tervetulleeksi elämään. Isä Jumala on äidinrakkaudessaan luonasi juuri nyt. Pikkuiset silmät, jotka eivät ole koskaan nähneet valoa, alkavat räpytellä. Vastasyntyneen silmät aukeavat kirkkaassa valossa. Ne aukeavat hetkeksi, menevät taas kiinni ja sitten taas aukeavat. Ne tottuvat valoon ja katsovat ympäriinsä, pysähtyvät äidin rintaan, ja sieltä vauvan silmät näkevät vain äidin silmät, jotka katsovat häneen ja näkevät täydellisyyden.

Isä sanoo: "Olet täydellinen!" Hänen äidinrakkaudellaan ei ole loppua eikä rajaa. Se ei vaadi meiltä mitään muuta kuin "olemista" — vain "olemista", koska olet täydellinen sellaisena kuin olet. Hän on tullut yksinäisiin öihimme ja tilanteisiin, jolloin sisällämme ja ympärillämme on ollut väkivaltaa. Hän on tullut olemaan meille äiti, lohduttamaan meitä. Hän *on* lohduttajamme. Hän ei ole kuka tahansa lohduttaja, hän on *todellinen* lohduttaja, joka vuodattaa meihin rakkauttaan, laulaa meille lauluja ja vie meidät uuteen paikkaan — siihen syvään paikkaan, johon emme ole vielä koskaan uskaltaneet kokea kuuluvamme. Sinne hän rakkaudessaan vie meidät!

Voimme katsoa häneen tullessamme tähän paikkaan, ikään kuin uuden syntymän paikkaan. Voimme katsoa häneen ja nähdä leveän hymyn, joka sanoo: "Olet kaunis. Sydämeni aivan pakahtuu kauneudestasi ja näkemästäni täydellisyydestä. Olet täydellinen ja virheetön minun silmissäni."

CR

Rakkaani, se on parempaa kuin ikinä olemme uskaltaneet kuvitella! Hän vuodattaa nestemäistä rakkauttaan paikkoihin, jotka ovat olleet kylmiä. Hänen äidinrakkautensa on syvää ja menee suoraan olemuksemme ytimeen. Syvyys kutsuu syvyyttä.

Hän ottaa pois kaiken pelon. Rakastettuna olemisen pelko on syvää pelkoa. Mutta hän on sielujemme rakastaja. Hänen rakkautensa poistaa kaiken pelon, joka on tehnyt meidät alttiiksi kivulle. Hänen rakkautensa tulee juuri siihen paikkaan, missä sydämemme on ollut avoinna rakkaudelle ja tullut kipeästi torjutuksi. Juuri tähän kivun ja hylkäämisen paikkaan hänen rakkautensa tulee. Hän palauttaa ennalleen särkyneen luottamuksen.

Hänen rakkautensa on armollista ja myötätuntoista. Se on kuin syvä, mittaamaton valtameri — Jumalan äidinrakkaus! Hänen rakkautensa on voimakasta, ja silti se on hyvin hellää ja lempeää, äärettömän kaunista. Se hymyilee sydäntä lämmittävästi, se sulattaa kaiken kylmyyden sydämestäsi.

Hänen lohduttava rakkautensa puhdistaa syvältä ne saastuneet kohdat, joissa olemme etsineet rakkautta vääristä paikoista. Hänen rakkautensa peittää kaiken sen. Se puhdistaa, parantaa ja tekee uudeksi. Se saa erämaan kukkimaan ja tuo vedet kuiviin paikkoihin. Uutta elämää, uutta kasvua, uutta iloa! Kaikki on tullut uudeksi! Olemme saaneet ilon, joka perustuu siihen, ettei hän ikinä jätä meitä. Ei ikinä!

Olemme syntyneet rakkauteen, jolla ei ole rajoja ja joka on äärettömän paljon suurempi kuin mikään maanpäällinen rakkaus. Se rakkaus ei tunne mitään rajoja. Jumala on aina rakastava sinua! Isä on aina rakastanut ja on aina rakastava sinua. Hänen rakkautensa ja rauhansa on kuin virta — sen syvyydestä riittää kokonaiselle kaupungille, kokonaiselle kansakunnalle. Voit ottaa vastaan tämän rakkauden juuri nyt!

Lähteet

Bushnell, Katharine C. *God's Word to Women*, Reprint. Ed. Eagle Lake, TX: GWTW Publishers, 2004.

Cantalamessa, Raniero. *Life in Christ: A Spiritual Commentary on the Letter to the Romans*, Collegeville, MN: The Liturgical Press, 1990.

Guyon, Madame Jeanne. *Union with God*, Reprint Ed. Goleta, CA: Christian Books, 1981.

Hyatt, Susan C. *In the Spirit We're Equal: The Spirit, The Bible and Women — A Revival Perspective*, Tulsa OK: Hyatt Press, 1998.

John Paul II, Pope. *The Theology of the Body: Human Love in the Divine Plan*, Boston, Pauline Books and Media, 1997.

Johnson, Darrell W. *Experiencing the Trinity*, Vancouver: Regent College Publishing, 2002.

Kreeft, Peter. *C S Lewis for the Third Millennium*, San Francisco: Ignatius Press, 1994.

Kreeft, Peter. *Heaven: The Heart's Deepest Longing (Expanded Edition)*, San Francisco: Ignatius Press, 1989.

Kristof, Nicholas D. & Wudunn, Sheryl. *Half the Sky: How to Change the World*, London: Virago Press, 2010.

Lake John G. *The Complete Collection of His Life Teachings (complied by Roberts Liardon)*, New Kensington, PN, Whitaker House, 1999.

Lewis, C. S. *A Grief Observed*, London: Faber and Faber, 1961.

Lewis, C. S. *Perelandra*, Reprint Ed. London: HarperCollins Publishers, 2005. (*Matka Venukseen.* Suom. Matti Kannosto. Kirjayhtymä, 1984)

Lewis, C. S. *The Four Loves*, Reprint Ed. London: Fount, 1998.

Lewis, C. S. *The Weight of Glory and Other Addresses*, Reprint Ed. New York: HarperCollins, 2001.

Nee, Watchman. *The Glorious Church: God's View Concerning the Church*, Anaheim, CA: Living Stream Ministry, 1993.

Nouwen, Henri J. M. *The Inner Voice of Love: A Journey Through Anguish to Freedom*, New York: Doubleday, 1996.

Tournier, Paul. *The Gift of Feeling (Translation of: La Mission de la Femme)*, Atlanta, GA: John Knox Press, 1979.

Tournier, Paul. *What's in a Name? (Translation of: Quel nom lui donnerez-vous?)*, London: SCM Press Ltd., 1975.

Vanier, Jean. *Becoming Human*, Toronto: House of Anansi Press Ltd., 1998.

Vanier, Jean. *Community and Growth (English Edition)*, Sydney: St. Paul Publications, 1979.

Vanier, Jean. *Man and Woman He Made Them (English Edition)*, Sydney: St. Paul Publications, 1985.

Kutsu sinulle

Mikäli pidit tästä kirjasta, kutsumme sinut osallistumaan Fatherheart Ministries -järjestön Isän sydän A-kouluun. A-koulu on viikko Isän rakkauden ilmestyksen ilmapiirissä.

A-kouluviikolla on kaksi tavoitetta:

1. Antaa sinulle mahdollisuus saada henkilökohtainen kokemus Isä Jumalan rakkaudesta sinua kohtaan

2. Antaa vahva raamatullinen perusta Jumalasta Isänä kristityn elämässä

A-koulussa saat tutustua Isän rakkauden ilmestykseen terveen raamatunopetuksen kautta, jota opettajien omakohtaiset elämänkokemukset havainnollistavat. Kuulet elämää muuttavaa sanomaa rakkaudesta, elämästä ja toivosta.

Viikon aikana saat mahdollisuuden päästä vapaaksi asioista, jotka estävät vastaanottamasta Isän rakkautta, ja voit löytää todellisen pojan tai tyttären sydämen. Jeesuksella oli pojan sydän Isäänsä kohtaan, ja hän eli koko ajan Isän rakkauden läsnäolossa. Johanneksen evankeliumi kertoo, että Jeesus sanoi ja teki vain sitä, mitä hän näki ja kuuli Isänsä tekevän. Jeesus kutsuu meitä astumaan tähän samaan todellisuuteen hänen veljinään ja sisarinaan.

Kun avaamme sydämemme, Isä vuodattaa sinne rakkautensa Pyhän Hengen kautta. Sydämessä, jonka hänen rakkautensa on saanut muuttaa, voi tapahtua todellinen ja pysyvä muutos. Vuosien ponnistelun ja suorittamisen jälkeen monet löytävät vihdoin tien kotiin — paikkaan, jossa on lepo ja rauha ja johon voi tuntea kuuluvansa.

Voit ilmoittautua Isän sydän A-kouluun osoitteessa:
www.fhfinland.fi

Kansainvälisistä A-kouluista eri puolilla maailmaa löydät tietoa englanniksi osoitteesta:
www.fatherheart.net

Fatherheart Media

Voit tilata lisää tätä kirjaa tai muita Fatherheart Median tuotteita täältä:

www.fhfinland.fi — Suomi
www.fatherheart.net/shop — Uusi-Seelanti
www.fatherheartmedia.com — Eurooppa
www.amazon.com — Pehmeäkantiset kirjat ja Kindle-versiot

FATHERHEART MINISTRIES
PO BOX 1039
Taupo, New Zealand 3351

www.fatherheart.net

www.ingramcontent.com/pod-product-compliance
Lightning Source LLC
Chambersburg PA
CBHW070429010526
44118CB00014B/1964